NFT
實戰勝經

劉呈顥教你用NFT
創造財富的10種方法

劉呈顥／著

野人

這是一本真正能夠帶領你了解當前 NFT 市場與生態非讀不可的好書，Ethan 是我非常欣賞的實業家、創業家，他總能用開放心態面對 Web3 時代下瞬息萬變的趨勢變化，細品此書，足以改變你看待 NFT 的方式，帶領你建立 Web3 的全新思維。

—— **Gene Huang**（Demiverse Studio 創辦人）

作為行業從業者的我，深深明白到要從零開始認識 NFT，買賣 NFT，甚至創作屬於自己的 NFT 是多麼的困難重重。

劉呈顯的《NFT 實戰勝經》由淺入深地解釋了 NFT 世界的運作原理，對想接觸 NFT 世界的朋友來說絕對是極具實用價值的教科書。

—— **王碧琪**（Index Game 聯合創辦人）

NFT 從去年開始在臺灣快速發酵，讓很多藝人名人都搶進，投入這個結合藝術科技的新興市場，帶起 NFT 看似投資的新機遇。這一段時間，也有一些朋友請我合作鑄造自己的 NFT，我才開始深入研究，發現除了「專業」之外，「心態」才是決定你

是買到值得收藏的數位藝術作品，還是想快速獲利卻被割了韭菜。

在眾多 NFT 專家中，我最信任的就是 Ethan 劉呈顯。

他的影片都能深入淺出的讓我們一般大眾理解 NFT 究竟是什麼？在技術上操作外，更以他過去在藝術產業上的經驗，對照當今國內外市場上藝術家推出 NFT 的數位價值，來作為收藏指標的參考建議。

現在，他更以他的專業和實戰經驗寫成這本《NFT 實戰勝經》，從認識到了解，再到行銷及市場風險分辨，和在各種行業運用的可能性，都有完整的系統介紹。讓了解和不了解的人都能重新理解和運用 NFT，與現在和未來市場接軌。

不管你是一知半解或是還在觀望中。我都建議一定要先閱讀完這本書有了正確的理解後，帶著「保險」再去悠遊這片開放且充滿無限可能的大海。

——**田定豐**（種子音樂創辦人／輔大產業創新 助理教授）

身為 NFT 發行平台的從業人員，每天最受不了的就是一堆 FOMO（錯失恐懼症）的假新聞操作和爭議。很開心看到這本《NFT 實戰勝經》的問世，彷彿是一股清流，用正確客觀的角度去分析一個新產業的發展，以及身為消費者和創作者到底該如何在現在這個亂世中參與一項會改變未來的技術。

—— **TK 陳泰谷**（FANSI 音樂 NFT 發行平台創辦人）

新世界領導者都在布局，鑽石手的枕邊書。

元宇宙到 NFT 區塊鏈，Web 3.0 將建構出未來新戰場。任一產業都必須理解虛實整合後的新經濟模式即將來臨！

——洪司丞（阿波羅畫廊藝術家／The Sandbox Creator Fund 官方成員）

NFT 是詐騙吧？

在人云亦云匆促下定論之前，你也許可以考慮以呈顥這本書為起點，開啟你對 NFT 的探索之旅後，再下定論不遲。

只是你還在考慮的時候，我也許已經準備依照本書的點子，鑄造我的第一首詞曲 NFT 了。

——張宇（知名歌手）

第一次聽到 NFT 不太清楚是什麼，上 YouTube 爬文第一個看的影片就是 Ethan 的解說影片，然後就瞬間懂了（笑）。覺得 NFT 的崛起，對默默在創作的藝術工作者來說，是很大的鼓勵。而身為多年卡通 IP 創作者的我，感覺 NFT 的世界像是給這些虛擬角色一個「新的出路」。雖然很多人把 NFT 當股票般炒作，所以難免對於它有些問號和微詞，但長期而言，我依然相信 NFT 的核心價值，會給世界更多元的資源整合跟藝術交流的新境界。

——蓋彼（百萬插畫家）

2021 無非是 NFT 大爆發的元年，新一波浪潮的激起創造了無限商機，透過此書能詳盡了解實際運用層面，搭配 Ethan 的個人品牌經營策略，能雙向建立正確觀念及結合市場現況趨勢，真心推薦大家必讀此本「勝」經！

——潘奕彰 David（ACE 王牌交易所 集團創辦人）

無論只是單純想了解 NFT 是什麼，還是思考如何聯結 NFT 來創業，我認為劉呈顯老師的《NFT 實戰勝經》深入淺出地幫 NFT 做了最中肯又完整的整理。

劉呈顯老師多年來的創業教學經驗，以及他近年來成功在網路上以最新的趨勢創造大眾影響力的操作，給予他自己能量和內涵將 NFT 從背景介紹、實務的認識、可行的商業模式、未來可以繼續更進化的發展，和社會可用什麼思維來因應這個潮流，作了詳盡的解說和分享。相信對不同年齡或族群讀者都會有一定的收穫。

——陳林桂琇（臺北市青年支持未來都會再生協會理事長）

不要買NFT，除非你先看過這本書

《不要買 NFT ！除非你先看過這部影片》。

這部 YouTube 影片在 2021 年觀看超過百萬次，從大部分的人不知道什麼是 NFT，到新聞整天報導一夜暴富；從名人、藝人一窩蜂發項目，到現在面臨熊市和泡沫化疑慮。對旁觀者來說，NFT 或許只是個三分鐘熱度的話題，短期炒作的工具；對我來說，NFT 是創業者從消費者行為中，找到的機會與風口。

有些人在這當中看到機會，一年賺的錢比他們過去十年賺的還多；有些人得了 FOMO，害怕沒跟上而急著投入市場，慘遭套牢；也有人指摘 NFT 就是一場巨大的龐氏騙局。不幸的是，這些都是真相，即使網際網路造就了無數的新創公司和巨大的經濟成長，在我們享受它帶來便利的同時，仍有人受到網路詐騙。即使社群媒體讓每個人都有機會做自己

喜歡的事賺錢，還是有人會整天在上面散佈負面評論或言語霸凌。

NFT 究竟是改變人生的機會，還是一場騙局，和技術無關，而和「人」有關。

如果不能跳脫個人觀點，認真看待消費者行為；或是不願意花時間去了解，只看到影片標題就急著下斷言的人，常會用自己有限的認知嘲諷道：「NFT 根本就是直銷」、「我的 xxx 也是獨一無二，為什麼沒人買」、「虛擬永遠無法取代實體」。我並不會刪除這些不同觀點的留言，但不論從什麼角度，這些評論都反映著，我們對於自己所處的世界缺乏了解。

在這本書中，我盡可能用最簡單、清楚的邏輯，搭配實際的案例，和你我可能都有的生活經驗，來幫助你了解NFT 的過去、現在和未來。會讓你放心而且感到興奮的是，即使你不是電腦科學家、軟體工程師、藝術家，你也可以到這本書裡面找到適合自己的方法，運用區塊鏈、加密貨幣、NFT 和元宇宙來賺錢、打造你的事業。這和你的背景、人脈、學歷、專業領域無關，真正重要的是，你是否願意開放心胸、放下成見，真實的理解這些工具和人們的消費心理，並且了解自己擁有什麼，擅長什麼，全心全意的投入。

這本書適合的人有兩種。

第一種是完全不懂 NFT 的人：一直聽到 NFT 又不知道NFT 是什麼？看完這本書，你就贏過 90% 的人了。如果你

從這本書中獲得任何有價值或有幫助的內容，我希望你能送一本給身邊正在努力翻轉人生的朋友，幫助他們理解這個機會的存在。

　　第二種是想要了解 NFT 除了買賣，還可以怎麼運用的人，不只是年輕人、不只是科技業、不只是幣圈的信徒。懂得運用 NFT，對每個人都有好處，別只靠運氣押注賺錢，那跟賭博沒兩樣；我必須實話實說，大部分的人對你買的 NFT 沒有任何影響力。

　　因此，想要運用 NFT 來打造事業，你最好找到能夠靠自己的方法，這就是我希望透過這本書教會你的。

第 1 章
區塊鏈存在之前

藝術家的大便
NFT 的價值，交給市場決定
智能合約與版稅分配機制

第2章
NFT的現在進行式

第 3 章
NFT的風險

【階段 4】獲利了結
【階段 5】恐慌
先搞清楚，你是消費還是投資？
NFT 的社群共識文化
看穿追高的假象

【觀察 5】風險與生命週期

【NFT 潛力評分表】

第**5**章

NFT的未來

第 **6** 章

屬於你的現在和未來

第 **1** 章

區塊鏈
存在之前

1.1
不要被技術和術語
搞得你暈頭轉向

走向NFT的道路

我從 2000 年開始第一次創業，從餐飲到藝術策展，2009 年開始打造創業加速器，協助新創公司獲得資金和創業輔導。2021 年 2 月開始經營個人品牌，我的使命是「幫助一百萬人成就喜歡的事業」。每個月我們都會舉辦聚會，促進創業者和意見領袖的交流，同時也解答他們在事業上的問題。而我每天的行程、演講、輔導創業的過程，全都透過隨身攝影師真實的記錄下來，上傳到 YouTube、Instagram、TikTok 等社群平台，分享給其他需要的人。

2021 年 3 月 30 日，三月份的聚會上我分享了「NFT 是什麼？」，提出創作者應該認真思考如何運用 NFT 結合商業模式創造獲利。當時這個概念還太過新奇，幾乎沒有人聽

過 NFT。然而，到了今日 NFT 的產值將近 300 億美元，還有 90% 以上的人不了解它，這個將會影響未來數十年人類社會變化的區塊鏈應用。在談區塊鏈之前，我想先分享一段故事，幫助你理解什麼是 NFT。

2016 年我代理了全球最大的大象藝術展 ——Elephant Parade（大象巡遊）在臺灣的品牌零售業務。「大象巡遊」致力於拯救瀕臨滅絕的亞洲象，每一年會遊行到一個城市，和當地的藝術家、名人合作，在大象雕像上進行創作並放置在主辦城市的街道上，引起大眾對大象保育的重視。在展覽結束之後，將大象雕像進行慈善拍賣，拍賣所得百分之百捐助給亞洲象保育的非營利組織。百分之百？沒錯。那麼我們如

▲圖 1.1.1 2016 年「大象巡遊」在臺灣展出的小象藝術品。
（圖片來源：Elephant Parade 官網）

何獲利，讓這個展覽能夠永續經營下去呢？就是依賴我們零售的小象複製品。

　　每年創作出來的小象藝術品，經過挑選後，由畫師手工製作成 5 ～ 35 公分不等的複製品，每一隻小象腳底下都有雷射防偽標籤和限量的身份編號。這些複製品非常受到消費者歡迎，雖然是複製品，一方面因為手工製作，二方面因為限量，讓每一隻小象都有了獨一無二的特質。而且「大象巡遊」每年只到一個城市遊行，這次不買，下次可能就買不到了。所以顧客在購買的時候幾乎不問價錢，只管挑選自己喜歡的藝術收藏，更不用說透過購買，同時也支持了亞洲象保育，為他們的心裡帶來正面的感受，美的感受。

　　這些外表看起來一樣，但每一隻都不一樣的小象複製品，其實就是 NFT。

什麼是NFT？

　　2018 年 1 月 1 號，我寫了一篇關於藝術市場資訊不對稱的網路文章，探討藝術家只能透過作品的一手交易賺到收益，但二手交易後在拍賣市場的高價，都是被藏家和拍賣行賺走了。藝術家活著的時候作品只能賣 3,000 美金，死後作品就算被拍賣到 3,000 萬美金，對改善創作者的生活絲毫沒有幫助。

Beeple (b. 1981)
EVERYDAYS: THE FIRST 5000 DAYS

Price Realised   Estimate unknown
USD 69,346,250

Closed: 11 Mar 2021

　　　　Follow　　　　　　　　☆ Share

▲圖 1.1.2　美國藝術家 Beeple 的 NFT 作品〈每一天：最初的 5000 天〉
（圖片來源：Christie's 官網）

　　　當時的創業環境充滿了 AI 人工智慧、大數據、雲端運算的應用，唯獨缺少了藝術領域的科技創新。我當時寫道「成功的企業，應該尋求賦予人們能力，創造共享價值的營運模式……如何讓更多藝術家在活著的時候盡情發揮創作能量，而不是以死後的交易量和成交價向他們致敬……。」

　　　直到 2021 年 2 月 25 日，我在佳士得看到一場數位藝術拍賣，展出網路化名 Beeple 的美國藝術家溫克曼（Mike Winkelmann）的作品，他把 14 年來每天上傳到網路上的藝術創作，拼貼成一幅全新的數位作品，並且鑄造[1]為 NFT〈每一天：最初的 5000 天〉（Everydays: The First 5000 Days）。BINGO ！

1　鑄造（Mint）：指發行NFT的行為，在發行平台上鑄造出非同質化代幣。

這就是我一直在尋找的科技藝術創新。以前數位藝術不受到主流市場的認同，因為太容易複製，而且無法辨識原作者，現在運用 NFT 的技術，數位藝術作品可以辨識出處，具有獨一無二的特性，即使按右鍵下載看起來一樣的圖像，在本質上也不相同，數位創作因此開始有了收藏價值。

Beeple 這件作品最後以 6 千 9 百萬美元賣出，就是最好的證明。

NFT（Non Fungible Token），常見的中文翻譯為「非同質化代幣」。Fungible 的意思是：易於交易或交換的物品，它們屬於同一類並且有相同價值。像是比特幣、以太幣這些加密貨幣，就是同質代幣；我手上的一顆以太幣跟任何人手上的一顆以太幣是等值的，可以很容易的交易。而 NFT 則不一樣，兩個人手上的數位圖像在視覺上看起來也許一樣，但是背後的元數據（metadata）[2] 不一樣，本質上不同，在市場上的價值也不一樣。

實體藝術品有保存的困難和風險，數位檔案又太容易複製且無法驗證，NFT 帶來了數位藝術交易的突破機會。這是一場共識的革命，人們從眼見為憑的感官共識，進入由區塊鏈驗證的機器共識時代，NFT 的來源和交易紀錄可以被追溯，數位資產的所有權變得可信任，為原創藝術家建立了

2　元數據：又稱為後設資料或詮釋資料，是「用來描述數據的數據」，是對於資料屬性進行額外補充說明的資訊。

龐大且不可限量的新市場。

區塊鏈又是什麼？

　　NFT 技術之所以能夠實現，來自於背後的區塊鏈技術，由去中心化的網路架構來保存及記錄數據資料。區塊鏈（Blockchain）是由區塊（Block）組成的鏈（Chain），這些區塊記載了藉由密碼學串接並保護內容的文字紀錄。每一個區塊都包含了交易資料、雜湊值，以及前一個區塊的加密雜湊，使得前後的區塊銜接起來，更改一個區塊，就會使前後的區塊雜湊值不相符而失效。

　　這些區塊不是儲存在一個中心化的伺服器或權威機構，而是分散儲存在區塊鏈上各個參與者的電腦裡，因此也被稱之為「分散式帳本」的紀錄。因為所有的交易都會被記錄在帳本上，而且必須通過區塊鏈上大部分使用者的共識才能完成交易，因此確保了資料儲存的安全性，具有難以竄改的特質。

　　目前區塊鏈技術最大的應用是加密貨幣，例如比特幣。因為貨幣的交易是「將帳戶 A 中減少的金額增加到帳戶 B 中」，如果有一本公開帳本記錄了所有人的帳戶的所有交易，那麼對於任何一個帳戶，人們都可以計算出它的餘額，並且查驗過去的每一筆交易。

目前第二大的區塊鏈——以太坊，則是在區塊鏈技術之上，提供了使用者自行編輯和自動化執行智能合約的功能。智能合約是不可竄改且分散儲存的，和分散式帳本的概念相同，智能合約制定了交易的參與者、交易金額的分配，以及交易物件（例如 NFT）的分配。當創作者在區塊鏈上發行了 NFT，它背後包含的智能合約，會在達到合約制定的條件時自動運行，例如當買家出價達到 1 ETH 時，NFT 賣出給買家，1 ETH 由買家的帳戶，移到賣家的帳戶，這也造就了 NFT 的版稅（Royalty）分配機制。

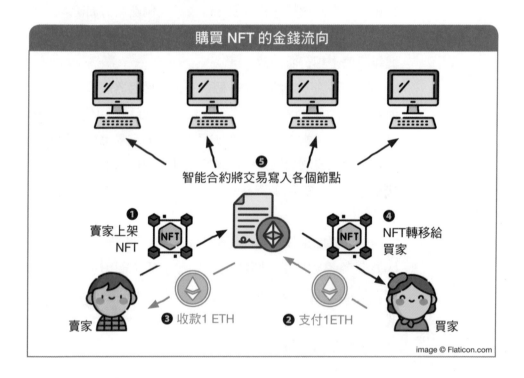

購買 NFT 的金錢流向

⑤ 智能合約將交易寫入各個節點

❶ 賣家上架 NFT

❹ NFT轉移給買家

❸ 收款1 ETH

❷ 支付1ETH

賣家

買家

image © Flaticon.com

在以太坊區塊鏈上，同質化代幣一般採用 ERC-20 標準，而非同質化代幣則是使用 ERC-721 或 ERC-1155 的標準[3]。這些協議的標準我們在後面的案例中說明，目前為止，你只要先知道區塊鏈是什麼？有什麼特徵？可以如何運用就足夠了。

NFT為什麼可以賣這麼貴？

這裡要特別注意的是，「貴」是比較出來的。就拿我們先前提到的 Beeple 的作品〈每一天：最初的 5000 天〉為例，這幅作品在佳士得拍賣時接受以太幣出價支付，依據最後的成交價換算大約是 38,000 ETH，然而，以太幣在 2015 年上架交易所的價格是 2.77 美元，後來甚至曾經下跌至 0.68 美元。如果我們用 1 美元來換算，Beeple 這幅作品的價格大約是 38,000 美元，雖然仍然不便宜，但作為一幅藝術作品，則是相對合理的。

NFT 的早期擁護者都是原本在幣圈的人，外人無法了解他們取得加密貨幣的初始成本，但可以肯定的是，他們當初購買加密貨幣時，一定比你現在進入市場，用法幣去買加密貨幣來得便宜。因此，在判斷 NFT「貴」或是「便宜」，值多少錢的時候，必須理解你們用的是不同的尺度在衡量。

3　一種以太坊區塊鏈上的智能合約協議標準，將會在p .196詳細說明。

1.2
NFT在區塊鏈之前就存在了

遊戲裡的NFT消費
——玩家早已習慣購買數位商品

　　NFT 在區塊鏈被開發出來之前就存在了，從我們身邊的人去觀察，你就可以看出來我為什麼這麼說。你玩電腦遊戲嗎？無論你是不是遊戲玩家，應該多少都聽過美國電子遊戲開發商 Epic Games 推出的《Fortnite 堡壘之夜》這款遊戲。這是一款免費遊戲，但是根據調查顯示[4]，有 68.8％的 Fortnite 玩家曾經在遊戲內購買物品，他們的平均消費金額為 84.67 美元。對沒有強制購買，也不提供遊戲內收益的「堡

4　〈前10大Fortnite統計〉，2021/2/27，https://www.affde.com/zh-TW/fortnite-statistics-gaming-industry-stats.html

壘之夜」來說，玩家最常購買的是稱為 Skin 的道具或角色貼皮，這些貼皮只會改變道具或角色的外觀，而不會帶來額外的功能，也不會讓玩家在遊戲中獲得優勢。

那麼，為什麼玩家會願意花錢購買這些 Skin 貼皮呢？我最常聽到的是：「因為很帥！」，換句話說，是為了秀給其他玩家看。就跟實際世界裡人們花錢買名牌包包，服裝上要有一個品牌 LOGO 一樣，這些遊戲裡的道具，也代表了玩家的品味、社會地位和經濟能力。這跟 NFT 是很相像的。

我自己也是一個 OG（Original Gang，元老的意思）遊戲玩家，常常陪孩子一起玩遊戲，過去一、兩年我們最常玩的遊戲是 Roblox。在 2021 年疫情期間，學校停課、孩子的社交距離減少了他們在實體世界的互動，卻不能減少他們對探索世界和交朋友的好奇心。透過孩子的介紹我才加入了 Roblox 這款遊戲，而在美國，有大約四分之三的 9 ～ 12 歲美國兒童都在 Roblox 上。[5]

在 Roblox 的世界裡，比起其他遊戲競爭目的，更多了協作的精神。玩家除了可以玩遊戲之外，也可以利用開發工具，自己設計遊戲讓別人來玩，並且透過銷售遊戲中的代幣和道具來獲取收益。有些時候玩家並不會照著設計者的規則去玩，因為輸贏、破關並不重要，他們更喜歡在上面認識新

5　〈半數玩家不超過13歲！Roblox如何靠遊戲收服青少年，估值逼近300億美元？〉，2021/3/3，數位時代，https://www.bnext.com.tw/article/61586/roblox

朋友，一起惡搞，找出規則之外的玩法，回到遊戲真正的目的——樂趣。而購買遊戲中的物品，就和孩子們以前和家長、朋友去逛商場買玩具、買衣服一樣，只是現在在數位世界裡面發生。而這個世代的孩子一出生就和行動裝置：手機、電腦一起長大，他們可以很自然的融入數位世界裡的化身，一切都是這麼的理所當然。

內容平台上的NFT消費
——人們早就在數位世界購買土地

現在 NFT 世界裡很受矚目的資源是土地，也就是在虛擬世界裡的土地。NFT 的土地上可以蓋自己的房子、放音樂、辦演唱會、用你的分身體驗不同創作者打造的空間。大家可能很難想像，這些看似憑空生出來的土地為什麼值錢？真的只是炒作而已嗎？其實人們早就開始購買數位世界的土地了。

還記得部落格盛行的年代嗎？在你的部落格上，你可以寫文章，放音樂、置入影音，我們所想的，一樣是給來到我們的部落格的瀏覽者一段特別值得流連的體驗。區塊鏈土地只是從 2D 平面的空間，轉為 3D 立體的空間，事實上消費者行為是一樣的。影響部落格空間和區塊鏈土地價格落差這麼大的關鍵，與其說是 2D 和 3D 的差別，更重要的是供給

與需求的關係。部落格平台服務提供者是不限量的,理論上,你想申請多少帳號都可以。想要更進階的功能,只要付費,每個人都可以享有,提供的是同質化的服務。

區塊鏈上的土地則不一樣,它是限量供應,而且獨一無二的。在三維的空間裡,先有總量的概念,再切分出土地來,土地有限,而購買者眾,就會提高土地的價格。同時,運用區塊鏈的技術界定座標,每一塊土地就有了地點的屬性差異,和真實世界裡的土地一樣,你的地點是不是顯眼,附近的鄰居有誰?就會讓同樣面積的土地,價值大不相同,這就是 NFT 的魅力所在。

社群媒體上的NFT消費
—— 你早就在社群媒體消費數位內容

Web 2.0 的時代,社群媒體就是網際網路的應用典範。每個人都有自己的社群媒體帳號,無論是早期的 Facebook、Twitter,或後來的 Instagram、Snapchat,專注在專業領域的 LinkedIn,或是快速成長的 TikTok。你總有一個社群媒體帳號來記錄自己的生活,同時也關注你的家人、朋友或偶像在做些什麼?儘管這些平台對一般使用者來說是免費的,但它們的獲利模式不約而同的利用了使用者上傳的內容、人口特徵、使用習慣向商家銷售廣告營利。也就是說,早在 NFT

出現前，你就已經在社群平台上消費數位內容，同時也在上面消費了廣告，購買廣告賣給你的商品。

　　正因為人們的注意力都在社群媒體上，在社群媒體上有影響力的人，也就可以利用這份影響力來操縱消費者的行為。他們的帳號通常都有一個藍勾勾，代表著平台認可他的實名認證以及影響力。這個藍勾勾雖然無法直接購買，但你覺得它值多少錢？ Clubhouse 剛上市的時候採用邀請制，當時連邀請函都可以上拍賣網站賣錢。YouTube 的創作者內容可以讓大家免費觀看，但訂閱者的數量、觀看的流量就代表著這個帳號值多少錢，你甚至可以上到一些網站去為你的YouTube 帳號估價！這些價值都是數位的、虛擬的，但它們確實值錢，而人們花在社群媒體上的時間，更是有增無減！

1.3
為什麼人喜歡收藏

我在本書一開始分享了我代理的「大象巡遊」藝術展，在眾多的藝術創作裡，我最喜歡的一隻小象，她叫做「Sunday Best」。Sunday Best，為什麼星期天最棒呢？這就要從創作者的角度來探究她的故事了。Sunday Best 是由英國藝術家 Anna Masters 創作，基於當地的信仰和生活習慣，每個星期天上午大家都會去教堂做禮拜，見見老朋友。禮拜結束後，Anna 的奶奶都會拿出家裡最棒的茶具，邀請朋友們到家裡最好的房間喝下午茶。Anna 將奶奶最喜愛的這套茶具上的花紋畫在小象身上，展現了英國下午茶文化的精神，為小象賦予意義和生動的故事。藝術創作的物件和技法或許是可以複製的，但是加諸在上面的創意、理念、文化，和人們產生的共鳴，想要收藏並且分享給他人，才是人們購買藝術品的原因。

收藏NFT的三大理由

什麼東西都有人收藏,古董、郵票、錢幣、模型、石頭、球員卡⋯⋯,每個人有共鳴的東西不一樣,對收藏家來說價值連城的石頭,對另外一個人來說可能就跟路邊的石頭沒兩樣,不只一文不值,還很笨重。收藏品並沒有一套客觀的價值判斷標準,因此擁有很寬廣的價格想像空間。

購買、收藏的理由很多,我認為最常見的有三種,第一是情感因素。例如人們收藏球員卡,可能是因為喜歡這個球員在球場上的表現,即使是球員退休了,也可能因為青春年少的熱血時光是看球賽陪伴他長大的,在長大後比較有經濟能力了,就用購買、擁有,來收藏自己的回憶。

第二種是社交因素。收藏不只是為了自己,也是為了在其他同好之間的展示和比較。我擁有哪一個球員的卡,就表示我是死忠的球迷,即使這張卡很稀有,很昂貴,我也願意付出更高的價錢來購買。這樣的心情和購買名牌服裝、背精品包、開高級跑車的動機是一樣的。

收藏 NFT 的三大理由

1 情感因素　　**2** 社交因素　　**3** 功能導向 (例如 : 賺取價差)

第三種則是功能導向。收藏球員卡有什麼功能呢？首先是投資獲利。前面講到有人會願意出高價去購買較稀有，或自己特別喜歡的球員卡，一旦你擁有的卡片是別人很想要的，無論你是運氣好抽到，或是花很多力氣完成官方的任務蒐集、兌換到的，都可以賣給其他的藏家來賺取差價。當然，也有可能活動或是遊戲賦予某些球員卡擁有者特別的權利，像是展覽入場、球迷簽名、組成夢幻隊伍……等等額外的加值。甚至只是心理上想要完整蒐集，達到一種成就感和努力的目標，也可以說是收藏球員卡帶給收藏者的功能之一。

NBA球員卡的數位收藏熱潮

觀察從 2020 年 6 月開始陸續上市的 NFT「NBA TOP SHOT」，就忠實的反映了印刷版球員卡的收集熱潮，事實上在 2020 年 3 月左右，球員卡的市場正達到高峰。NBA 球員卡平台「NBA Top Shot」將 NBA 球星在球場上的精采片段鑄造成不同的 NFT，這些 NFT 稱之為 Moments，同時加入了球員資訊和稀有度的元素，在 FLOW 區塊鏈上銷售，供有興趣的球迷和玩家收藏。這些影片其實在 YouTube 或其他影音平台可能也可以看到，但因為有了官方授權，再加上數位球員卡的特性，讓原有的消費者很容易過渡到這個新的市場，因此快速的打開了 NBA 球星 NFT 的收藏熱潮。

同時，數位收藏的流通性和交易速度比起實體卡片又更快速，而且交易記錄公開透明，沒有保存環境和第三方認證的要求，也讓 NBA TOP SHOT 的球員卡價格水漲船高。以這張 LeBron James 的灌籃片段 Moments 來說（見圖 1.3.1），在 2021 年 4 月份就賣到了 387,000 美元的高價。

球員卡的發行和蒐集歷史已經有一百多年了，但是數位球員卡交易如此的方便，價格上漲如此快速，還是得歸功於區塊鏈將版權注入在影片中，並且透過 NFT 的功能，讓每張數位球員卡得以呈現獨一無二的特質。

除了球員卡之外，許多動漫角色也都會做成卡牌供愛好

▲ 1.3.1 LeBron James 的灌籃片段 NFT（圖片來源：NBA Top Shot 官網）

者收藏，像是遊戲王卡、神奇寶貝卡等等也都是很受歡迎的卡牌，有著各種年份、語言、印刷、角色版本，因為限量和受歡迎的程度不同，甚至是印刷時的瑕疵都可能成為稀有的原因而能夠在市場上賣到高價。因此，學習 NFT 市場的交易、觀察它的價格變化，和實體物品的收藏其實很類似。人們對「完整」蒐集、珍藏「稀有」的渴望是一直存在的，而版本（Edition）會隨著時間不斷增值，在數次轉手後，隨著話題性、籌碼的集中，隨時有機會再創新的天價，因為錢是同質化代幣，有很多方式可以賺取，而收藏品是非同質代幣，一旦掌握在收藏家的手中，很有可能是有錢也買不到的。

LeBron James
的 NFT 卡片估
值網站

NFT 小知識
由於臺灣讀者必須透過 VPN 才能訪問 NBA Top Shot 的官方網站，無法訪問 NBA 官網的讀者可以掃上方 QR Code，從網站中的「CSV」（Crypto Slam Value）一欄，了解 LeBron James 的卡片估值。此估值是由網站演算法依照稀有度、歷史成交價、卡片屬性等計算出來的，實際售價可在右側的 On Sale 欄位看到。（注意：用手機瀏覽網頁時，請轉為「電腦版」網頁，才能看到 CSV 及 On Sale 欄位。）

1.4
藝術交易市場

NFT是藝術嗎？

　　消費者的品味不斷在改變，當我們回顧歷史，很容易可以從消費者的行為觀察到市場的心口不一。1912 年，法國藝術家杜象（Marcel Duchamp）的油畫《下樓梯的裸女》（*Nu descendant un escalier*）被當時法國最前衛的獨立沙龍拒絕展出，讓他開始反思人們口中的「藝術」這個詞的正當性。「如果沒有評審，作品怎麼會被拒絕？」他在隔年來到美國展出同一幅畫，在大西洋的彼岸造成轟動：「任何傑作都是觀賞者捧出來的……。」

　　1917 年，杜象用化名「R.Mutt」在五金行裡購買的小便斗上簽名，申請參加紐約獨立藝術家協會舉辦的藝術沙龍，引起了很大的爭議，很多協會的成員認為這根本不是藝

術。但是，一件作品是不是藝術究竟該由誰來決定呢？杜象將這具小便斗命名為「噴泉」（Fountain），雖然申請展出失敗了，但他成功創造了「現成物」（Readymades）這種顛覆傳統的創作類型，「噴泉」更受到收藏家喜愛和眾多知名博物館典藏。

藝術家的大便

如果你還不能接受拿小便斗作為藝術品，那你更應該來認識這位義大利的藝術家曼佐尼（Piero Manzoni）在 1961 年的創作《藝術家的大便》（Artist's Shit）。曼佐尼花了一年的時間製作了 99 個罐頭，宣稱裡面裝了他的大便，為每個罐頭編號並簽名，並在標籤上用四種語言寫上作品名稱《藝術家的大便》。每個罐頭的發行價格緊盯黃金，當時的價格約每盎司 35 美元；46 年之後，在 2007 年義大利米蘭的蘇富比拍賣會上，編號 18 號的罐頭以 12 萬 4 千歐元拍賣成交，事實證明──藝術家的大便比黃金還貴！

不只如此，《藝術家的大便》也收藏在美國紐約大都會博物館、英國倫敦泰特美術館，以及法國巴黎龐畢度中心三間現代藝術博物館。

NFT的價值，交給市場決定

在實體世界裡，小便斗、大便都能成為高價的博物館收藏藝術品：那為什麼當我們進入數位所有權的時代，JPG 圖檔做成的 NFT 不能是藝術？現階段反對 NFT 的人對這些數位圖像的評價往往是：「這麼醜的圖誰會買？」「這不是藝術！」卻忽略了歷史不斷重演，這些新出現的、挑戰過去的作品，最初總是受到嚴厲的批評與懷疑，最終則交給市場決定了價值，而人們不會再走回頭路。讓我們誠實面對這一切：低頭看一下你手上的智慧型手機，儘管大眾批評它造成人際關係疏離，傷害視力和身體健康，降低工作效率……。但是，你會想要回到按鍵式手機，不能上網，只能打電話的時代嗎？

綜合傳統藝術交易市場和 NFT 交易來看，有三個重點我認為值得提出來類比，可以幫助讀者認識 NFT 交易的架構。

◆ 重點一、話題性

傳統的藝術評論帶有教育、促進大眾討論和參與藝術的目的性，或許也可以讓藝術家從理性的評論中知道什麼是好的、什麼是壞的，甚至影響他日後的創作。然而，在交易市場中，則是用金錢投票來決定結果，人們願意出高價購買的，成交量大的，往往就會被認為是「成功」的作品，引起

兩種藝術交易市場的差異		
	傳統藝術市場	NFT 藝術市場
話題性	相對依賴藝術評論家的評價。	主要由市場及網路效應決定價值。
收藏者	市場會追隨知名大亨、收藏家或博物館。	市場會追隨名人、巨星、職業運動員。
市場經營能力	藝術家相對依賴藝廊和經紀人。	藝術家必須具備社群宣傳能力。

眾多的評論家事後諸葛的分析「成功的原因」。

就像杜象對於將現成品神聖化或偶像化的追捧者嗤之以鼻：「我把小便斗丟向他們，原本是為了挑戰和揶揄美學的，他們卻開始欣賞它的美感。」無論評論家的意見如何，是正面還是負面，審美是很主觀的。關鍵是作品是否具有話題性，能不能夠引起市場的關注和討論？

◆重點二、收藏者

既然作品的美、醜、好、壞是主觀的，那麼大部分的人是如何判斷一件作品是否值得購買？一個項目是否值得投資？其中一個重要的指標是看這個項目有誰收藏。一件藝術品如果有知名的博物館收藏，表示通過了許多專家、學者的評審認可。如果有知名的大亨或收藏家出高價購買，就會為這位作者的作品立下價格的參考標準，大眾透過這個錨定的價格和知名博物館收藏，就能有個很簡單的決策依據，這種

消費行為就像是看排行榜買書。然而，過度簡化選擇和從眾心態，也很容易導致大眾被操弄。

　　NFT市場裡也有明顯的名人效應，凡是有名人、巨星、職業運動員持有，或用高價買進的NFT項目，就會引起媒體關切，並使得交易價格節節上升。另外，由於區塊鏈交易資料公開，某些鯨魚大戶的錢包也會被有心人士盯上，只要追蹤他們的錢包地址，發現鯨魚大量、持續買進收藏的NFT，都會成為投機者追逐、競相購買的項目。

◆重點三、市場經營能力

　　發行NFT的項目方，無論是創作者或是團隊，他們與傳統藝術家不同，不必透過藝廊的經紀或推薦，就可以輕易的將NFT作品上架到市場銷售。然而，這也代表著項目方必須自己具備經營社群的能力，因此，如何跟潛在的購買者溝通NFT的價值和未來潛力，就成為NFT發行者的成功關鍵之一。

智能合約與版稅分配機制

　　在二級市場的交易中，過去的藝術家無法在高價的拍賣場中獲得收益，但NFT能為創作者帶來長尾的收入，甚至可能超越一手交易的銷售額，這在傳統的藝術市場是見不到

的。這是因為 NFT 具有智能合約，能夠自動執行版稅分配的機制（請見以下說明圖），也讓作品後續的交易頻率和走高的價格，可以回饋給創作者。也因為這個特性，我們可以從 NFT 的發行與交易活動，觀察出造市者透過持續的買入與

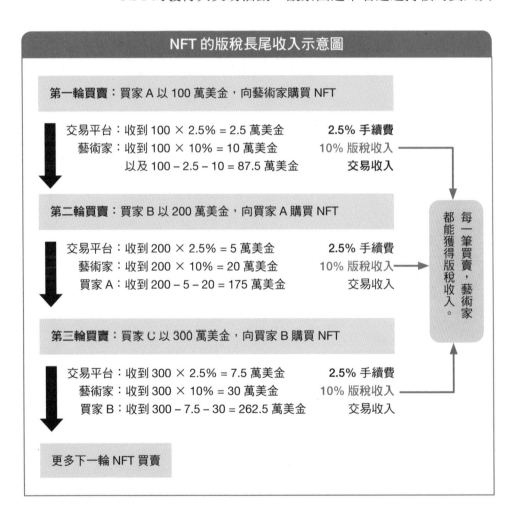

NFT 的版稅長尾收入示意圖

第一輪買賣：買家 A 以 100 萬美金，向藝術家購買 NFT

交易平台：收到 100 × 2.5% = 2.5 萬美金　　**2.5% 手續費**
藝術家：收到 100 × 10% = 10 萬美金　　10% 版稅收入
　　以及 100 − 2.5 − 10 = 87.5 萬美金　　**交易收入**

第二輪買賣：買家 B 以 200 萬美金，向買家 A 購買 NFT

交易平台：收到 200 × 2.5% = 5 萬美金　　**2.5% 手續費**
藝術家：收到 200 × 10% = 20 萬美金　　10% 版稅收入
買家 A：收到 200 − 5 − 20 = 175 萬美金　　交易收入

第三輪買賣：買家 C 以 300 萬美金，向買家 B 購買 NFT

交易平台：收到 300 × 2.5% = 7.5 萬美金　　**2.5% 手續費**
藝術家：收到 300 × 10% = 30 萬美金　　10% 版稅收入
買家 B：收到 300 − 7.5 − 30 = 262.5 萬美金　　交易收入

更多下一輪 NFT 買賣

每一筆買賣，藝術家都能獲得版稅收入。

賣出來創造流動性，並且塑造交易規模與拉高成交價的過程。

　　區塊鏈的去中心化，使得藝術的形式和交易更加自由，似乎什麼都可以是藝術，什麼都可以買賣，只要透過自由市場的機制，找到對的人就可以被接受。但我也相信，並非所有的 NFT 都值得推崇，而那些操弄價格的手法，也會在消費者變聰明，工具更完整、監管機制的出現，而逐漸失效。

第 **2** 章

NFT的
現在進行式

2.1
為什麼你必須懂NFT

現在請你打開手機，檢查一下你每天使用手機的時間，是不是超過 8 個小時？我們每天醒著的時間也不過 16 個小時，卻有一半以上的時間在使用手機。所以說，人類花在數位世界的時間，已經超過生活在實體世界的時間了。無論你是用社群網路上傳今天晚上和朋友聚餐的美食照片（記得，相機要先吃）；還是看著 Netflix，沉浸在二次元的國度裡；或是裝上最新的手遊，在未來世界打造自己的王國。人們無意識的投入了最寶貴的資源——時間，同時也沒有意識到，自己創造的這些數據，已經變成網路巨頭獲利的來源。

NFT的重要性
──人類第一次能夠「真正擁有」數位資產

　　1996 年 1 月，比爾‧蓋茲寫了一篇題為〈內容為王〉（Content is King）的文章，發表在微軟網站上。我認為直到今日（2022 年）都是對的。在 Web 1.0 的時代，我們透過電子郵件，在人和人之間，點對點的互相傳送資訊，因為資訊傳送的邊際成本太低、太低了，因此造成了濫用，導致廣告信和垃圾信塞滿了我們的收信匣，開信率從最初的 90%（過去我們還會仔細閱讀每一封電子郵件），降到現在只剩 40%。

　　進入 Web 2.0 的時代，部落格和社群網站為人們開啟了中心化的溝通平台，每個人把自己生活的點點滴滴用各式各樣的內容形式上傳到網路：文字、照片、影音……，我們只要在最多人使用的幾個平台，就可以一次看到所有人的最新消息，因為方便資訊的快速分享、傳播，人們的注意力便往這裡集中。

　　你在餐廳的打卡地點、和朋友喜歡的服飾品牌自拍、出國旅行的影片……，都成了平台取之不竭、用之不盡的內容，而你也很享受這種受注目的感覺，畢竟，免費給你使用，還有什麼好抱怨的？就算平台拿你的數據賣廣告，也是賣給你感興趣或正在搜尋的產品，不是嗎？

　　就是因為這種神奇的心態，人們對自己創作的內容所有權和價值，幾乎沒有主張，通常，直到平台突然封鎖了你的

Web 的典範轉移			
	Web 3.0	Web 2.0	Web 1.0
發展重點	去中心化、賦予使用者創造及擁有數位資產的能力。	重視互動，透過網路平台有效率的溝通，建立各種社群。	由企業或個人自行建置靜態網頁發布內容，大部分的網路使用者是內容的讀者。
代表產物	區塊鏈、加密貨幣、去中心化金融、DAO、NFT、元宇宙。	維基百科、部落格、社群媒體、You-Tube。	HTML、PHP、個人網頁、企業Homepage。
登入方式	使用加密貨幣錢包登入。	可使用社群帳號，如 Facebook、Twitter、Google 快速登入。	使用個別網站資料庫的帳號密碼登入。
內容溝通方式	數位資產所有權可以透過區塊鏈驗證，使用者可以在數位世界中完全匿名，無須經過中心化網站的認證。創作者可以透過 NFT 傳遞內容和價值，無須仰賴平台的廣告收益，同時建立自己的社群；內容消費者也可以真正擁有數位資產。	用戶是內容消費者，也是內容創作者。每個人都有可能透過網路發揮影響力，成為網紅或意見領袖。品牌也會和創作者合作內容及廣告置入。	使用者瀏覽網頁圖文及電子郵件，廣告多為橫幅圖片及超連結文字。
核心價值	You are what you own.	You are what you love.	You are what you read.
年代	持續發展中	2005 年至今	1989～2004 年

資料來源：作者整理

帳號、刪了你的照片，或從免費變成開始收費的那一刻起，我們才驚覺：這些照片不是我的嗎？為什麼上傳之後，網站可以說刪就刪？

NFT 為什麼這麼重要？因為人類的歷史上，「數位資產所有權」從來沒有像現在一樣，和每個人的生活如此息息相關，卻又不被理解和不夠重視。NFT 和 Web 3.0 時代，正好為數位資產提供了「辨識出處」的作用，它能夠同時記錄轉移過程與所有者數據，加上去中心化的儲存方式，讓你創造的內容，在網際網路上真正為你所有。

NFT對商業模式的影響

隨著 NFT 加入戰局，對商業模式最大的影響是「流通」和「溝通」。以往消費者購買商品主要扮演的是使用者的角色，但 NFT 易於流通的特性，讓購買者除了自己持有、使用之外，轉賣（flip）的可能性和可行性提高很多。由於 NFT 存在區塊鏈上，只要市場注意到某個 NFT 項目，並不限於在哪一個特定的通路才能上架或購買。買家可以透過平台出價，甚至直接從社群網路上聯絡到持有者，完成交易。

NFT 本身也是溝通工具，它可以結合社交頭像，成為你在網路世界的數位分身，NFT 的稀有度除了反映在市場價格之外，也代表持有者在某個社群中的地位。加密貨幣錢

包理論上是匿名的，不需要連結隱私的個人資料，但是人們往往會不自覺，或是刻意顯露自己的錢包地址，因為其他人看到你的錢包裡有什麼藝術收藏的 NFT，可以藉此推斷你的品味或是經濟能力，這也讓收藏 NFT 的錢包成為了名人和意見領袖間接置入行銷的工具，只要 NFT 有機會進入他們的錢包，就有機會吸引大眾的注意力，引起市場追捧。

因此，NFT 本身是廣告、是商品，也是資產。各行各業都可以重新思考，如何結合 NFT 到你的商業模式，這裡有幾個應用範例，請你想像一下：

NFT 與各行各業的結合範例

動物 You-Tube 頻道	假如你是一個 YouTuber，加密貨幣圈的人平常從來不看你的愛護動物 YouTube 頻道，但你成功在 NFT 交易平台 Open-Sea 上面用 10,000 張動物頭像的 NFT 吸引他們的注意力，接觸到新的目標對象，也募到款項來支持動物保育公益。
醫美行業	醫美行業和藝術家合作，為每一個來接受醫美服務的客戶免費繪製一張 NFT 頭像，當藝術家受到市場關注，頭像就有了收藏價值，後續交易的回饋版稅也會成為新的收益流，而且吸引更多客戶想要擁有自己的藝術頭像。

詞曲創作者	傑克是一名詞曲創作者，原本需要透過版權公司找歌手來媒合發行唱片，現在他將自己的詞曲發行限量 NFT，持有者可以利用詞曲來二創、發行單曲，因為很多人詮釋過各種傳唱版本，唱片公司溯源回來找到他，帶來很多詞曲創作的邀約。
健身教練	健身教練為自己的訓練課程發行了 NFT，第一次參加課程，會得到一個運動員人像，當學員完成一期課程，就會得到一個藥水 NFT，運動員人像 NFT 喝下藥水之後（也就是把這兩個 NFT 融合後），會依照學員的訓練成果，變成更具有肌肉和力量的角色，有些人甚至轉變成其他動物。這不只讓你的課程賣得更好，就連不運動的人也想蒐集別人的藥水 NFT，來融合自己的角色！
餐廳	你的餐廳發行了 NFT，持有 NFT 的客戶可以提案新菜色，並且在料理上面冠名，因為很多人喜歡帶朋友來餐廳享用自己的創作，所以名人、藝人、網紅也陸續收藏了你的 NFT，打造自己的私人菜色和聚會場所。
TikTok創作者	你最喜歡的歌手發布了一首新歌的限量 NFT，你買了一個 NFT 並用它製作一段很酷的 TikTok 短影音。後來這首新歌突然爆紅，現在有幾萬人想要用這首歌來製作自己的 TikTok，但是 NFT 只有 100 份，而其中一份在你的手中。恭喜你，每天都有人向你出價，你可以轉賣獲利，而且每一筆交易，都會回饋版稅給你喜歡的歌手。

說不定在這本書問世的時候，就已經有人執行這些做法了。無論如何，NFT 已經是一個不可逆的趨勢，愈早進入帶動創新，你只會愈有優勢。只要嘗試的次數愈多，你就為自己增加了成功的機會。而關於 NFT 如何結合商業模式與實體物品，我也曾經在《你的品牌如何導入 NFT》這部影片中解說過，有興趣的讀者可以掃右方 QR Code 觀賞影片。

《你的品牌如何導入 NFT》YouTube 影片

2.2
NFT 如何運作

在1.1 節我們已經簡單介紹了 NFT 以及背後的區塊鏈技術，在這一個章節，讓我們進一步了解 NFT 從創作到平台發行、交易，以及透過智能合約運作的流程。

NFT的多節點媒體儲存

出於區塊鏈的儲存空間有限，每一個區塊的創建都需要經過許多步驟，而步驟愈多，運算的成本就愈高。礦工每分鐘產出的區塊是有限的，因此使用者為了激勵區塊鏈上的礦工優先處理你要求的區塊，在鑄造和交易 NFT 時就必須付出礦工費（Gas Fee），並且和其他使用者競爭。而且，創作者的圖像、影音、3D 模型等，比起文字字元會花費更多的

儲存空間，也就是更高的礦工費。而在區塊鏈上用來描述
NFT 的元數據，包含了這個 NFT 的名稱、描述、程式碼，
和外部媒體的鏈接。

　　將 NFT 的媒體儲存在區塊鏈之外當然是有風險的，如
果 NFT 連結的媒體儲存在創作者自己的網站或是其他雲端
儲存空間，例如亞馬遜的雲端平台 AWS。萬一創作者的網
站停止運作，或是沒有持續付費給亞馬遜而導致媒體檔案被
刪除，那麼 NFT 的鏈接也就無法傳回檔案，造成 NFT 失去
內容的價值，也就失去了想要透過區塊鏈達到去中心化，不

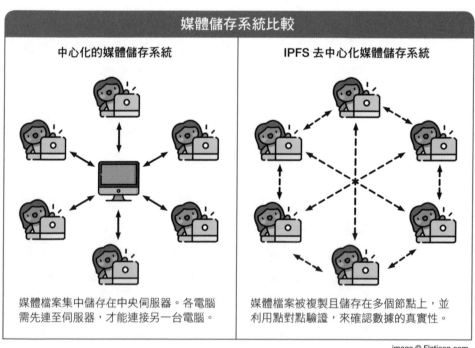

媒體儲存系統比較

中心化的媒體儲存系統　　　　　IPFS 去中心化媒體儲存系統

媒體檔案集中儲存在中央伺服器。各電腦　媒體檔案被複製且儲存在多個節點上，並
需先連至伺服器，才能連接另一台電腦。　利用點對點驗證，來確認數據的真實性。

可竄改和永久保存的目的。

目前可以選擇的方案之一，是利用星際檔案系統（Inter Planetary File System, IPFS）來儲存這些 NFT 的媒體檔案，IPFS 是一個分布式系統，允許以去中心化的方式存取這些檔案。它使用點對點的網路架構來儲存數據，系統上的電腦稱之為節點（Node）。這些 NFT 的媒體檔案，被複製且儲存在多個節點上，並利用點對點驗證，來確認數據的真實性。只要系統上有足夠多的電腦，就能夠確保數據一直被儲存下來。

什麼是鑄造（Mint）？

創作者創作的內容可能是圖像、照片、音訊甚至是影音，當創作者在區塊鏈上創建一個 NFT，這個動作就稱為鑄造（Mint）。鑄造也就是將 NFT 的相關資訊寫入元數據中，鏈接創作者上傳的媒體檔案，並且記錄在區塊鏈的分散式帳本上。當 NFT 的交易被驗證記錄之後，同時也將擁有者的資料更新到 NFT 上，作為所有權的證明。鑄造的程序完成，NFT 也就成功在區塊鏈上發行，可以被轉移、交易。

大部分的創作者並不具有編寫程式的能力，因此就會利用區塊鏈上的交易平台來鑄造 NFT，關於這些平台的使用方式，我會在〈4.2 如何發行 NFT〉及〈4.5 成功發行 NFT 專案的十個步驟〉詳細介紹。

NFT交易依據智能合約

　　創作者在鑄造 NFT 之後，當然也可以在交易平台上面買賣。常見的銷售方式是固定價格、英式拍賣，以及荷蘭式拍賣，這三種銷售方式的詳細說明請見以下表格。買家通常是先在社群平台上認識到創作者，或是從交易平台上的交易量排名、最受矚目的項目中發掘他們想要購買的 NFT，並且出價或直接購買。

　　各種交易都可以寫成合約，合約會包含像是買家、賣家、交易標的、價格……等條件。區塊鏈上的交易也一樣，只是這些交易過程，都交給稱為「智能合約」（smart con-

三種 NFT 銷售方式的比較

銷售方式	運作方式	適用情況
固定價格	買家立即以標價買進。	適合想要快速成交的買賣雙方。
英式拍賣	在一定時間內，接受買家出價，出價最高者可以購得物品。	適合有稀缺性的拍賣標的，以獲得最高的賣價。
荷蘭式拍賣	拍賣開始時由賣家固定標價，隨著時間逐漸降低拍賣價格，買家可以在看到中意的價格時購買。	這種方式讓市場機制自行決定合理的售價，也鼓勵手上金額不高的買家關注拍賣過程，等待進場購買時機。

tract）的程式碼來自動執行。當買家接受賣家的固定價格，或是賣家接受買家的出價，智能合約就會自動執行，將買家的錢移轉到賣家的錢包，將 NFT 移轉到買家的錢包，完成這筆交易。

更重要的，透過智能合約，買家可以制定 NFT 每次交易時，收取一定百分比的版稅（Royalty），在交易發生的時候自動執行，而不需要像實體世界中的第三方版權機構，代為執行收取版稅的工作。舉例來說（請見下圖）：強尼用 100 美金購買了藝術家莎莉鑄造的畫作 NFT，莎莉制定的版稅收入是 5%。NFT 的收藏者菲力看上了強尼手上這幅畫，以

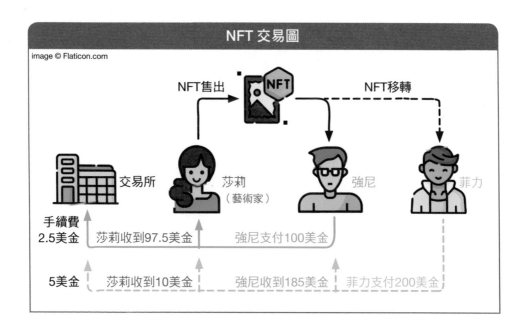

200 美金標下。這時候，菲力的錢包裡會減少 200 美金，其中 10 美金會付給莎莉作為版稅收入，185 美金會支付給強尼。你一定會好奇，剩下的 5 美金呢？就是支付給交易平台的 2.5% 手續費。這時候莎莉的 NFT 也會從強尼的錢包，移轉到菲力的錢包，成為菲力的收藏囉。

2.3
關於 NFT 的迷思

解釋再多 NFT 運作的原理，仍然有許多人認為 NFT 是一場騙局。就算許多大型公司採用 NFT，或宣布將進入 NFT 的領域，像是 Facebook、Instagram 想要讓使用者鑄造、銷售並展示 NFT；YouTube 宣布將投入 NFT 市場推動全新的內容創作，世界上仍然有許多人討厭 NFT。當新的趨勢進入主流市場，逼得人們不得不改變現況時，群眾從來不是欣然接受，而是更強烈的反彈與質疑。

我們一起來看看幾個常見關於 NFT 的迷思：

NFT和右鍵另存新檔有什麼差別？

NFT 最常見的應用之一是 PFP（Profile Picture），也就是

在社群網站上的「頭像」。由於這些頭像代表了持有者擁有的 NFT，特別是當這些頭像 NFT 很昂貴的時候，就會引來質疑的聲浪：「你花十幾萬的頭像，我只要右鍵另存就可以擁有了……。」

事實上，右鍵另存 NFT 圖檔，你就真的擁有了嗎？以名牌精品包為例，一個愛馬仕包要幾十萬，而長得幾乎一樣，一般人分辨不出來的高仿包，卻只要十分之一的價錢。那麼反正別人也看不出來高仿包，有什麼關係呢？你想想，當別人問你這包包從哪裡買的？買多少錢？你怎麼回答呢？回答高仿的價格，那別人就知道你背的包是假貨，回答正品的價格，再加上瞎說的購買地點、什麼時候買的，那就是欺騙了。

你用右鍵另存別人的 NFT 當做自己的頭像，問題就更大了。NFT 持有者的錢包地址是公開的，稍微熟悉區塊鏈操作的人，就可以查詢到真正的 NFT 持有者地址，愈知名的頭像，大家也愈認識持有者是誰，你連假裝的機會都沒有就會被揭穿，所以說 NFT 頭像是一種「社交代幣」。更進一步的說，右鍵另存的 NFT 圖像是沒有用的，例如當項目方賦予 NFT 效用（utilities）的時候，你必定會因為無法驗證你的持有權，就不能擁有像是後續空投、專屬頻道、參加活動、商業版權……等權利。

NFT是洗錢炒作的工具？

　　我不能否定用 NFT 洗錢的可能性，正如同高價藝術品、房地產、珠寶，甚至線上遊戲都存在洗錢的疑慮，各國政府也只能立法監管，試圖加以防治，而不能禁止。

　　2017 年，紐約佳士得拍賣會以 4.5 億美元的天價售出達文西的畫作〈救世主〉（*Salvator Mundi*）。但這幅畫在 1958 年時，被認為是達文西的學生所作，以 45 英鎊賣給不知名的收藏家。到了 2008 年，一群藝術評論專家的決議認為，〈救世主〉的確是達文西的作品。當時的藏家安排了 2011 年的公開展出，並隨即在 2013 年以 1.275 億美元把畫作賣給俄羅斯億萬富翁德米特里·雷博洛夫列夫（Dmitry E. Rybolovlev）。這筆交易因涉及詐騙，目前還在法律訴訟中，而拍賣行也涉入洗錢的風波。

　　有些人相信，用便宜的價錢買斷畫作，再找一些專家來提高畫作的評價，接著透過幾次的炒作交易將價格拉高，完成金錢在帳戶的合法轉移，這是個常見的洗錢手法。匿名交易是藝術市場的常態，拍賣行也只是提供服務來滿足買賣雙方的需求，不見得

▲〈救世主〉（*Salvator Mundi*）｜達文西（Leonardo da Vinci）。© Flickr/Art & Vintage

參與了任何非法的行動。

同樣的，NFT 使用加密貨幣錢包交易，具有匿名的特性，自然也會吸引意在洗錢的有心人。與實體的藝術品不同，NFT 的轉移很容易，沒有地理限制和運送的需求，可以隨著高速的交易即時轉移。非法來源的金錢可能透過買賣NFT，左手賣右手自我洗錢，透過不同的加密貨幣帳戶在區塊鏈上留下銷售記錄，塑造一種 NFT 受到買家熱絡的交易假象，然後出售給毫無戒心的無辜買家。

然而，讓我再重申一次，這些都只是「可能」，不能代表所有的 NFT 交易都是洗錢。更不能因此否定數位收藏以及現代人大多數時間生活在數位世界的事實。如果你無視於消費者的行為和購買心理，把 NFT 一律歸於洗錢工具，那就是明顯的以偏概全了。

NFT 非常耗電傷害地球？

首先，我們得明白 NFT 是區塊鏈上的一種應用。大部分人在抱怨 NFT 耗費大量能量的時候，其實指的是它背後的區塊鏈相當耗能，像是 NFT 交易量占了整體 NFT 市場80% 以上的以太坊，因為依賴「工作量證明」（Proof of Work，PoW）來執行各項運算，以礦工消耗電力與能源提供的運算能力，來反映礦工在區塊鏈上做了多少事，並且獲得

報酬，所以相對耗能。根據統計，2022 年 1 月份每筆以太坊的交易，大約要消耗 238.22 kWh，是一筆 VISA 交易所花費能源的 16 萬倍（參見下圖）。

聽起來的確很驚人，在這之前，我們要先進一步了解區塊鏈的運算需求和 NFT 的關係。區塊就像是一節一節的捷運車廂，按照預訂的時間表發車。而每筆交易就是一位搭乘捷運的旅客，無論車廂載滿了旅客，或是一個人都沒有，捷運仍然會按照原訂的時間發車。也就是說，理論上鑄造、交易 NFT 並不會直接造成更多能源的耗費。然而，因為 NFT

交易的熱絡，為了能夠盡快的完成交易，旅客想要快點搭上車，就得付出更高的礦工費。新進入 NFT 市場的交易者，也帶動了以太幣的價格，間接為挖礦提供了誘因。也就是說，對於耗電不環保的批評，與其說是因為 NFT，根本的原因還是以太坊的「工作量證明」機制。當然，以太坊也意識到這個問題，並提出以太坊 2.0 的升級計劃，以「權益證明」（Proof of Stake，PoS）來取代工作量證明，透過權益證明，用戶必須質押以太幣以成為網路中的驗證者。與「工作量證明」不同，驗證者不需要使用大量的運算能力來挖掘區塊，驗證者在處理交易時是被隨機選擇的，無須彼此競爭。他們只需要在被選中時創建區塊，並在沒有被選中時驗證其他被提出的區塊。預估這個新的共識機制可以減少 99% 以太坊的耗電量。

讓我們用更宏觀的角度來看這個議題。隨著新的公鏈興起，其他鏈上的 NFT 也陸續瓜分以太坊的市占率，例如 Solana 和 Tezos 區塊鏈都使用了 PoS 作為共識機制，Solana 基金會在 2021 年的報告指出，使用兩次的 Google 搜尋所花費的能源，就大於 Solana 區塊鏈上的一次交易[1]。而 Tezos 則試算了在該區塊鏈上鑄造 NFT 所花費的電力是 200mWh，為以太坊的 150 萬分之一。

1　*"Solana's Energy Use Report: November 2021,"* November 25, 2021, by Solana, https://solana.com/news/solana-energy-usage-report-november-2021

為了地球的永續，環保和節能的問題當然很重要，就像我們知道汽車、飛機、IC晶片生產都要耗費大量的能源和碳足跡，但我們的解決方法不是禁止人們開車、搭飛機或回到遠古時代。而是要求他們合理的使用能源，改善生產方式。

　　因此，人們看待NFT是否合理的使用能源，根本在於人們是否認為NFT有價值，當你認為NFT值得的時候，耗費能源就是合理的代價。相對的，如果你認為NFT只是沒有價值的圖片，無論區塊鏈多麼節能，你都覺得是浪費。

以太坊的區塊驗證機制

	工作量證明 PoW	權益證明 PoS
運作方式	以礦工消耗電力與能源提供的運算能力，來反映礦工在區塊鏈上做了多少事，並且獲得報酬。	用戶必須質押以太幣才能成為網路中的驗證者。驗證者在處理交易時是被隨機選擇的，無須彼此競爭。
優點	基於礦工的公開競爭，去中心化程度高、攻擊成本高，因此較為安全。	相對較快的交易速度、更大的可擴展容量、減少對環境的能源消耗。
缺點	要大量電力、交易速度相對較慢、如果區塊鏈規模很小，仍有可能受到駭客的51%攻擊。	可能因代幣大戶而使驗證過於集中、還需要更長時間與更大規模的實施來確認安全性。

作為 NFT 的創作者，或是交易者，我們可以做的，一是選擇相對節能的區塊鏈來鑄造、交易你的 NFT，在創造經濟利益的同時，也符合你的理念。二則可以運用社群、媒體的力量來宣導合理的交易頻率、監督以太坊加速升級。事實上，以太坊 NFT 的市占率也已經從 2021 年的 95% 降到 2022 年初的 80%，我相信自由市場會反映人們對高額交易成本和節能的訴求。

不喜歡 NFT，你可以有一百個反對的理由，但這些理由都無助於改善問題。

2.4
十個NFT的經典案例

這一節我將介紹 NFT 的 10 個經典案例，讓你更清楚 NFT 的各種應用場景，無論是參與購買或是未來想要發行 NFT，都是很好的參考。

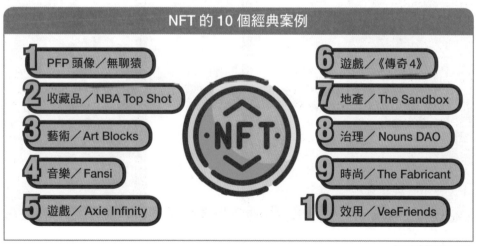

NFT 的 10 個經典案例

1 PFP 頭像／無聊猿
2 收藏品／NBA Top Shot
3 藝術／Art Blocks
4 音樂／Fansi
5 遊戲／Axie Infinity

6 遊戲／《傳奇 4》
7 地產／The Sandbox
8 治理／Nouns DAO
9 時尚／The Fabricant
10 效用／VeeFriends

image © Flaticon.com

經典案例**1** PFP頭像／無聊猿

　　無聊猿遊艇俱樂部（Bored Ape Yacht Club, BAYC）簡稱無聊猿，是由 Yuga Labs 製作的 1 萬個無聊猿頭像（見圖 2.4.1），在以太坊區塊鏈上發行的 NFT 收藏品。頭像 NFT 即是俱樂部的會員卡，初始會員可以進網站中稱為「廁所」（Bathroom）的創作空間，共用一個數位塗鴉板，作為加密領域的協作藝術實驗。無聊猿的 NFT 持有者對其持有的頭像擁有商業化的權利，可以應用在電影、音樂、電視、書籍或周邊商品的銷售。

▲圖 **2.4.1** 無聊猿（BAYC）系列 NFT（圖片來源：BAYC 官網）

無聊猿系列受到球星、藝人、名人的支持，同時也與品牌合作推出遊戲及聯名項目。在無聊猿（BAYC）之後，還有衍生的突變猿（MAYC）和猿寵（BAKC）系列。

　　Yuga Labs 在發行 NFT 時的系列做法，後來受到眾多NFT 項目仿效，這些做法包括：規畫路線圖以爭取早期支持者，會員可解鎖未來的專屬網站區域、溝通頻道和福利，並衍生系列空投。2022 年 3 月，Yuga Labs 更買下元老級的NFT 項目 CryptoPunks 和 Meebits，並授權商業使用給支持者。不久後，更宣布發行 ApeCoin 並成立去中心化自治組織（DAO）[2] 來推動 Web 3 的經濟體系。

經典案例 2 收藏品／NBA Top Shot

　　由 Dapper Labs 與 NBA 合作發行的 NBA Top Shot，是2020 年 NBA 官方授權的卡牌 NFT，擷取 NBA 球員的精采瞬間片段發行在 Flow 區塊鏈上。一開始為卡包的方式販售，讓購買者購買後開卡包，有不同的機會抽中普通卡、稀有卡，或是傳奇卡。其中最知名的就是 LeBron James 的灌籃影片曾以 38 萬美元賣出。

2　〈5.4 DAO去中心化組織〉將會詳細介紹什麼是DAO，有興趣的讀者可以先跳到p. 228閱讀。

NBA Top Shot 延續了原有蒐集實體運動球員卡的風氣，再加上影片動態和區塊鏈保存技術，讓 NFT 形式的球員卡能夠更生動的溝通，更方便快速的流通。且 FLOW 區塊鏈的設計相當友善新手，允許用加密貨幣或是信用卡購買 NFT，更擴大吸引了非幣圈的群眾。甚至可以說 2021 年起的 NFT 第一波熱潮，就是由 NBA Top Shot 帶動的也不為過！

經典案例3 藝術／Art Blocks

artblocks.io 是一個數位藝術平台，在以太坊區塊鏈上生成、銷售和儲存數位生成藝術（Generative Art），公認為 NFT 藝術殿堂。生成藝術是由藝術家透過程式編碼控制，加入部分隨機因素創造的。由於在 Artblocks 上的生成藝術，加入了隨選（On Demand）的變數，因此當購買者在平台上選購了某個系列作品時，平台的演算法將加入並產生一個同一系列，但獨一無二的作品 NFT。因此，你在購買之前不會知道你正在鑄造的作品是什麼樣子。

Art Blocks 分為以下三個系列，你可以進入 www.art-blocks.io，點選「all projects」選擇你想要瀏覽的系列（見圖 2.4.2）。

系列一「策展」（Curated）。由 Art Blocks 團隊選擇的

Art Blocks
數位藝術平台

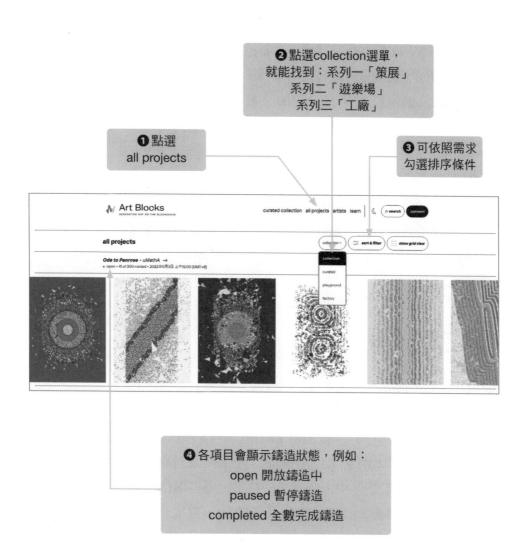

❷ 點選collection選單，
就能找到：系列一「策展」
系列二「遊樂場」
系列三「工廠」

❶ 點選
all projects

❸ 可依照需求
勾選排序條件

❹ 各項目會顯示鑄造狀態，例如：
open 開放鑄造中
paused 暫停鑄造
completed 全數完成鑄造

▲圖 2.4.2 Art Blocks 展出的系列作品（圖片來源：Art Blocks 官網）

高水準主題作品，這些作品經過平台審核，因此能在網站上獲得優先展示，通常是人氣最高的系列。

系列二「遊樂場」（Playground）。藝術家通過參與「策展」項目後，可以在遊樂場中製作一個更具實驗性的項目。這些項目並未經過 Art Blocks 團隊的徹底審查，然而這也提供了空間讓藝術家可以在此探索創作和市場的下一步。

系列三「工廠」（Factory）。任何藝術家都可以向 Art Blocks 提交他們的作品，並且進入工廠展出。團隊僅檢查其作品能夠正常運作，並且沒有公然複製其他的作品。

經典案例4 音樂／Fansi

Fansi 是臺灣的新創團隊成立的音樂 NFT 發行平台，在 2019 年 10 月 15 日上線。Fansi 平台透過與音樂創作人合作，在以太坊上發行音樂 NFT，媒體檔案則運用 IPFS 系統保存。平台接受刷卡和以太幣支付，讓粉絲能夠輕鬆地支持喜愛的音樂創作者，並且透過 NFT 所賦予的特權，獲得與創作者的客製化交流。音樂創作者除了可以透過 NFT 實現發行音樂單曲、專輯的夢想，甚至也可以在元宇宙舉辦演唱會，並發行演唱會道具、收藏品等，來創造全新的音樂體驗。

Fansi 已和臺灣歌手動力火車、宋岳庭、林金毛等音樂人合作發行 NFT，也在 2022 年四月份發行張雨生未曾發表

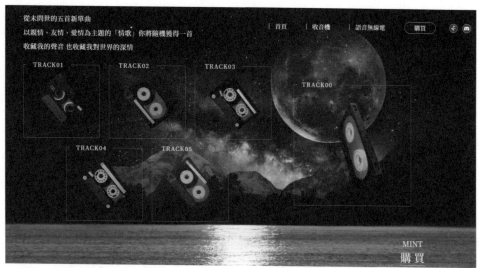

▲圖 2.4.3 臺灣歌手張雨生的音樂 NFT（圖片來源：張雨生未公開母帶音樂 NFT 官網）

的五首音樂 NFT（見圖 2.4.3），以盲盒的形式發售，總共產出 1,670 顆 NFT，每顆 0.067 以太幣。

經典案例5 遊戲／Axie Infinity

　　Axie Infinity 是一款競技遊戲，玩家需要購買遊戲中稱為 Axies 的寵物，並操作策略進行戰鬥、繁殖、收集、培養 Axies 以獲得加密貨幣 SLP 的獎勵。SLP 可以用來生育 Axie 或賣出變現，是進行遊戲的主要收益來源。由於此類收益需

要持續的新玩家進入以支持供需，在遊戲經營一段時間後，Axie 的價格已大幅降低。但在 2021 年疫情最嚴重的期間，許多失去工作機會的地區居民，如菲律賓，有許多人依靠玩此遊戲作為主要收入。同時，由於開始遊戲需要先購買 NFT，進入門檻很高，也推動了玩家成立遊戲公會，提供前期的資金，資助無力購買 NFT 但是想要透過玩遊戲賺錢的人。遊戲公會出借 NFT 資產給沒有錢買 NFT 的玩家，讓他們去玩遊戲賺遊戲中的代幣，再把賺到的代幣和公會分享利潤，稱之為「獎學金制」。這個新的遊戲生態，也讓 NFT 資產有了新的組織和收入模式。

經典案例6 遊戲／《傳奇4》

《傳奇 4》（MIR 4）是由韓國上市遊戲開發商娛美德（WEMADE）在 2021 年 8 月份發布的 NFT 遊戲，與一般區塊鏈遊戲不同的是，《傳奇 4》運用了 WEMIX 區塊鏈生態系，讓遊戲體驗與傳統的手遊一般，即使是沒有區塊鏈和加密貨幣經驗的玩家，也能享受遊戲的樂趣，並且同時跨越了 PC、Steam、iOS 和 Google Android 等平台。遊戲中可以開採黑鐵，並交換為 DRACO 代幣，即可透過 DEX 去中心化交易所兌換成為公鏈通行的加密貨幣。當玩家角色達到 60 等，戰力達到十萬以上，即可將角色鑄造為 NFT，在遊戲

內的 NFT 市場交易。關於這款遊戲更詳細的內容，我將在〈4.4 用 NFT 賺錢的十種方法〉更詳細介紹。

經典案例 7 地產／The Sandbox

2018 年由 Animoca Brands 收購的沙盒遊戲 The Sandbox，在區塊鏈上打造 3D 元宇宙空間，是一種體積像素（Voxel）風格的遊戲，可以讓用戶購買虛擬土地，並在其上建設及創作數位資產，帶入加密貨幣。許多品牌及合作夥伴都在 The Sandbox 內購置地產，並設計獨特的元宇宙體驗以吸收早期用戶及市場注意力。美國嘻哈歌手 Snoop Dogg 就是非常擅長結合 The Sandbox 進行創作及行銷的藝人，不僅有自己的虛擬化身 NFT，還有元宇宙內的豪宅，帶動了附近的地產升值（掃左方影片 QR Code，可以觀賞 Snoop Dogg 的豪宅）。

Snoop Dogg
的 NFT 豪宅

The Sandbox 目前正在公測階段，玩家可以購買土地或是遊戲內的 NFT（見圖 2.4.4）。創作者可以利用免費的 VoxEdit 軟體來創造以體積像素為基礎製作的 NFT（見圖 2.4.5），未來可在 The Sandbox 內使用，並可上架在 NFT 市場出售自己的作品。同時還有另一款 GameMaker 軟體，可供遊戲設計者在沒有編碼的基礎下建構自己的 3D 遊戲。香港第一間 The Sandbox 認可的元宇宙體驗顧問公司 Index

The Sandbox NFT買賣市場

任何人都可以創建
元宇宙3D遊戲

NFT銷售訊息

虛擬土地
出售訊息

▲圖 2.4.4 區塊鏈遊戲 The Sandbox 介紹（圖片來源：The Sandbox 官網）

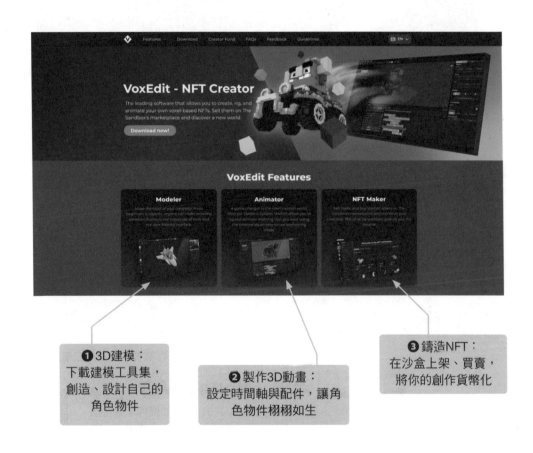

▲圖 2.4.5 體素建模軟體 VoxEdit 介紹（圖片來源：VoxEdit 官網）

▲圖 2.4.6 The Sandbox 香港九龍城寨場景（圖片來源：The Sandbox 遊戲畫面）

Game，就運用了 VoxEdit 及 GameMaker 重現香港九龍城寨
場景（見圖 2.4.6）。

經典案例 8 治理／Nouns DAO

　　Nouns DAO 由稱為「名詞」（Noun）的數位藝術品 NFT
組成（見圖 2.4.7），「名詞」屬於公共領域授權，每天會有
一個「名詞」NFT 產出，每 24 小時拍賣一次。拍賣收益
100% 發送到 DAO 的金庫，所有「名詞」NFT 的持有者都

是 Nouns DAO 的成員。Nouns DAO 使用複合治理，一個「名詞」等於一票，金庫完全由「名詞」通過治理來控制。「名詞」藝術品是演算法生成的，並直接儲存在以太坊區塊鏈上，屬性的稀缺性沒有明確規則；所有「名詞」都擁有同樣的稀有度。「名詞」的創始團隊在每 10 個名詞 NFT 產出時，將獲得一個 NFT 作為獎勵，以前五年為限（2021 年 8 月 8 日起算）。

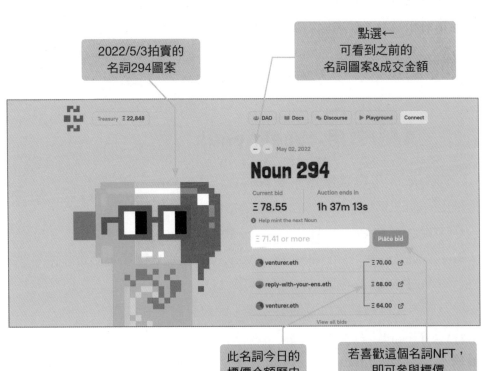

▲圖 2.4.7 「名詞」的拍賣說明
（圖片來源：Nouns DAO 官網）

經典案例9 時尚／The Fabricant

The Fabricant 是建構在 Flow 區塊鏈上的數位時裝平台，創始原則之一是相信時尚應該只花費數據和想像力，而非現實世界的物質和汙染。

The Fabricant
時裝平台

The Fabricant 提供工作室平台，讓任何人都可以成為數位時尚的創造者，透過簡單的拖放工具（見圖 2.4.8），可以和 3D 藝術家、布料創作者和品牌共同創作，並且在其 NFT 市場鑄造和交易，參與服裝創作的每個人均可獲得版稅分潤。

經典案例10 效用／VeeFriends

VeeFriends 是由美國創業家 GaryVee（Gary Vaynerchuk）所推出的 NFT 系列，每個 NFT 以他所提倡的精神義涵加上角色，從 A-Z 命名，並且由 Garyvee 親手繪製，例如：「Ambitious Angel」、「Very, Very, Very, Very, Lucky Black Cat」。VeeFriends 系列的 NFT 效用可分為三大類，分別是參與互動、獲得禮物，以及活動入場。參與互動主要是和 GaryVee 的活動體驗，例如「Bowling Boa」可以一起打保齡球、「Breakfast Bat」可以共進早餐、「"Wine Shopping Spree" Woodchuck」可以到紅酒圖書館和 Gary 一起採購紅

❷ 選擇花色與布料。　　　❸ 為服裝添加顏色。

❹ 完成設計，就可以將虛擬時裝鑄造為NFT。

❶ 選擇版型。以本書撰寫當時正在進行的十二生肖主題活動為例，你可以選擇設計師預先做好的十二種版型來搭配花色和細節。

▲圖 2.4.8 The Fabricant 的虛擬時裝 NFT 創建介紹
（圖片來源：The Fabricant 創作畫面）

酒（見圖 2.4.9）。「Gift Goat」的持有人可以每年獲得贈送至少 6 項實體禮物。而每張 NFT 都可以連續 3 年獲得參加 VeeCon 這項大型活動的入場權利。

▲ 2.4.9　GaryVee 發行的 NFT「"Wine Shopping Spree" Woodchuck」（圖片來源：Veefriends 官網）

第 3 章

NFT
的風險

3.1
真假難辨

在我的 YouTube 頻道《不要買 NFT，除非你先看過這部影片》底下的留言，對 NFT 最常見的迷思之一，是 NFT 可以「防偽」。我一向的回答是，技術是中性的，「人」才是根本的問題。如果本身沒有智慧財產的觀念，那麼 NFT 根本形同虛設，各位可以掃右方 QR Code，看看這部影片底下各種人們提出破解方法的腦補。

《不要買 NFT》
YouTube 影片

現實生活中，鈔票、畫作、名牌精品，甚至 Hello Kitty 都會遇到仿冒問題，千百年來，人類試圖用法律、防偽標籤、第三方驗證來解決，但從未根治。有利益的地方，就有想要抄捷徑的人，NFT 也不例外。甚至，因為現階段大部分的人對區塊鏈的技術還不甚理解，很容易受到媒體聳動的標題影響，而盲目的跟風買進，因此受騙、虧損的人屢見不鮮。這也是為什麼我做了這麼多影片、內容，甚至寫了這本書的

原因。就是希望大眾對於 NFT 可以有一個全面的理解，找到適合自己的參與方式，善用工具，跟上時代的浪潮。

首先，我們來談談仿冒的問題。

如何避免買到NFT仿冒品？

用無聊猿（BAYC）這個項目為例，BAYC 是知名的 NFT 系列，吉米・法倫（Jimmy Fallon）、DJ 卡利（DJ Khaled）、史蒂芬・柯瑞（Stephen Curry）和波茲・馬龍（Post Malone）等名人都有購入，公開市場上的最初售出價格為 0.08 ETH，截至目前為止，地板價已經上漲了 1,250%。這也因此引來兩個向BAYC致敬的系列：「PHAYC」（見圖3.1.1）和「PAYC」——他們把 BAYC 的圖像鏡射之後，重新鑄造成 NFT，公開表示自己是贋品（Fake）和對去中心化的諷刺，並且上架銷售。縱然這兩個系列在 opensea.io 已經被下架了，它們還是在其他市場繼續公開銷售，甚至彼此在社群媒體上爭論「誰先仿冒 BAYC？」、「誰才是真正的仿冒品？」這個做法直接挑戰了著作權，也點出 NFT 是否可以防偽的潛在問題。

在 Web 3.0 的時代，唯一能保障使用者的，是你自己。

對於仿冒的問題，NFT 交易平台本身也在努力想出一些辦法來幫助消費者快速的辨識，例如平台上的實名認證，

▲圖 **3.1.1** 　「PAYC」系列 NFT（圖片來源：OpenSea）

在系列旁的藍勾勾、黃勾勾、綠勾勾（見圖 3.1.2 及 3.1.3）。
這些實名認證的目的是用來告訴消費者，這些系列有一定的
成交量，在各個社群平台、新聞媒體上可以找到相關的資
料，和社群有穩定的互動……等。然而，這也只是個參考，
我也看過有些實名認證的帳號，其實是虛擬人物，只是購買
了廣告、發了新聞稿，並且自行在維基百科上建構了相關數
據，就騙過了平台的認證機制。

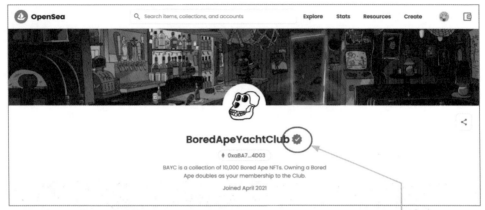

▲圖 3.1.2　無聊猿系列的藍勾勾認證（圖片來源：OpenSea）

OpenSea的
藍勾勾認證

▲ 3.1.3　本書作者獲得 Rarible 官網的創作者認證（圖片來源：Rarible）

Rarible的
黃勾勾認證

第二個辨明真偽的方法，是識別發行者的合約地址，例如 BAYC 項目的發行合約，你可以在 BAYC 官方網站的「Provenance」上查詢到 BAYC 的合約地址是：0xBC-4CA0EdA7647A8aB7C2061c2E118A18a936f13D（見圖 3.1.4）。

▲ 圖 3.1.4　如何查詢 NFT 合約地址
（圖片來源：BAYC 官網）

查詢到 BAYC 的合約地址後，當你在交易市場看到兩個一模一樣視覺的 NFT 時，你可以先檢查是否有藍勾勾，如 BAYC #9946 在系列名稱上有藍勾勾（見圖 3.1.5），BAYC 9946 的系列名稱則沒有實名認證符號（見圖 3.1.6）。

有藍勾勾認證

▲圖 3.1.5　正版的 BAYC #9946
（圖片來源：OpenSea）

沒有藍勾勾認證

▲圖 3.1.6　盜版的 BAYC 9946
（圖片來源：OpenSea）

Details欄位：盜版NFT合約地址
和正版合約地址不同

▲圖 3.1.7　盜版 BAYC 的合約地址
（圖片來源：OpenSea）

接著，請往下捲動到 Details 的欄位，找到合約地址（Contract Address），並且核對是否和官方發布的地址相符（見圖 3.1.7）。盜版 BAYC 的 NFT 合約地址為：0x2953399124F0cBB46d2CbAC D8A89cF0599974963，與正版 BAYC 的合約地址不同，由此可以判別，BAYC 9946 並非正版 NFT。

從表面的圖像很容易混淆的 NFT，從本質上去溯源，其實是可以辨識的。正如同你在某些拍賣網站上購買精品包的時候，除

了從商家提供的照片去觀察，也要進一步培養自己對商品的辨識能力，像是保證卡、年份、編號、做工、印花、五金……等去分辨真偽。

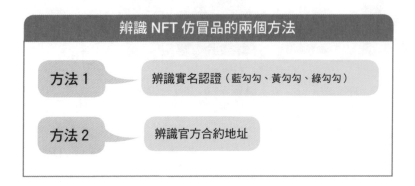

辨識 NFT 仿冒品的兩個方法

方法 1　辨識實名認證（藍勾勾、黃勾勾、綠勾勾）

方法 2　辨識官方合約地址

避免貪婪

愈是讓你覺得「買到賺到！」的交易，就愈有可能隱藏著風險。因為網路和區塊鏈都有著資料公開的特性，要利用資訊不對稱來獲利，其實是很困難的。但人們往往都會高估自己短期賺到的運氣，低估了長期投資需要的耐心和實力。一個原價要 6 萬元的名牌包，在拍賣網站上只賣 6,000 元，你覺得為什麼大家沒有搶著買？真的是因為你運氣特別好，只有你看到？

通常這種因為貪婪而被詐騙，是出於害怕錯過的 FOMO

（Fear of missing out，錯失恐懼症）心理，深怕自己沒有參與，而錯過了什麼非常有意義、有價值的事情。例如 NFT 市場的成交價一直創新高，這時候就會吸引還沒有購買 NFT 的人，因為看別人都賺了大錢，自己沒有賺到而急急忙忙地跳進去購買，在時間壓力下很容易做出錯誤的判斷。或是看到便宜的項目，覺得不趕快就會被買走，因此在沒有詳實求證下就衝動購買，而買到仿冒或詐騙的項目。

　　或是有些賣家以販售白名單或 NFT 兌換券的方式，宣稱可以用低價買到一定會賺錢的項目，但實際上這些兌換的資格已經被使用過了才拿出來販賣，因此付了錢的買家即使拿到兌換券也換不到想要買的 NFT。

　　另外也有些 NFT 會以組合的方式出售，把 3～5 個 NFT 捆綁（Bundle）在一起銷售，除了享有價格的優惠，同時也為了買家節省交易的礦工費，聽起來很貼心吧！然而，這些組合裡面有可能含有 1～2 個實名認證的 NFT，主要是為了取得買家的信任，而其他幾個則是看起來圖像一樣，但是由賣家自行鑄造的贗品。當買家沒有小心的一個一個檢查，就很容易因小失大。

如何避免詐騙？

　　「恭喜你中獎了！」

老派的詐騙手法，在新興的 NFT 市場還是很管用。人們喜歡好消息，以前收到中獎的通知，要你去操作 ATM，大家已經都有了警覺。現在收到 NFT 的中獎訊息，人們因為對加密貨幣錢包的操作或原理不熟悉，幾個步驟操作下來，被要求輸入以太坊錢包助記詞，很可能就洩露了錢包的私鑰或助記詞，讓自己的數位資料遭到竊取。

私鑰（Private Key）是一串由密碼學生成的 64 位十六進制的字符，私鑰可以推算出公鑰，也就是你的加密貨幣錢包地址。公鑰就像是你的銀行帳號，可以公開給別人知道，拿來收款用。而私鑰則是你的提款密碼，可以簽署你的錢包交易，因此，任何人取得你的私鑰，就可以輕而易舉地移轉你錢包裡的數位資產。

而助記詞（Recovery Phrase）是透過演算法將 64 位的私鑰轉換成常見的英文單詞，以方便記憶。助記詞通常由 12、15、18、21、24 個單詞構成（見圖 3.1.8），一組助記詞可以生成多個私鑰，並可以管理錢包帳戶下所有的錢包地址。

助記詞可以在任何適用的電腦、行動裝置恢復你的錢包，因此保管助記詞的方式，最好是使用離線的方式，例如用紙筆抄下來，或是使用不能連上網路的裝置來保管。同時，弄丟了助記詞也不會有官方或是客服可以幫你找回來，請務必記得助記詞存放的地方，以確保資產的安全。

最常見的詐騙方式是社群 App「Discord」的私訊，當你加入 NFT 項目的 Discord 群組時，如果沒有關閉接收私

METAMASK
< 上一頁

確認您已經備份的助記詞

請依照正確順序點選助記詞

bacon	beauty	effort	gravity
hour	lizard	public	romance
second	spend	super	wave

▲圖 3.1.8　由 12 個單詞構成的助記詞
（圖片來源：MetaMask）

> 按照順序點選助記詞，就能進入管理錢包

訊的功能，有很大的機率會收到群裡自稱是項目方團隊的私訊，通知你獲得了白名單，或是免費的 NFT 空投，並且提供詳細的操作說明，教你如何領取。就在你欣喜萬分，還來不及思考之下，到了仿冒得很像的官方網站，連結加密貨幣錢包，幾個簽署之後，你才發現錢包裡的幣和 NFT 都不翼而飛。

如何避免釣魚網站？

千萬記得，NFT 的項目方不會主動私訊你。請主動去閱讀社群的公告，記住官方網站的網址，小心拼字的細微差異。在 Azuki NFT 已經賣完的時候，由於媒體還在熱烈的報導，我也看過在 Google 上有偽造的 Azuki 網站，光明正大的購買 Google 關鍵字廣告，引導你到假的官網鑄造。幣放在錢包裡不會咬你，在簽署任何動作前，務必多次確認是否為官方網站。

另外，當我們在 NFT 交易平台上掛賣 NFT，若是有人出價，官方會發一封電子郵件通知你這個好消息。由於平台連結的社交帳號、錢包地址都有可能間接公開你的電子郵件地址，因此也有些釣魚郵件，會假冒出價通知，引導賣家到假的交易網頁登入錢包，竊取助記詞和錢包內的資產。

避免上當釣魚郵件的 5 個必知事項

1. 確認寄件人的網址，是否為官方網址。
2. 如點擊連結信件內的連結、按鈕，導向至新的網頁，也要再次確認是否為官方網址。
3. 除了你主動重新安裝錢包，不要在任何外部要求下輸入你的助記詞。
4. 那些看起來令人難以置信的好消息，通常不值得相信。
5. 把常用的正確連結儲存在書籤或信任的裝置上，從自己的連結進入網站。

如何避免短期吸金？

2022 年也是藝人們爭相推出 NFT 的一年，名人效應固然為 NFT 帶來了媒體關注和市場的買氣，也因為過度依賴消息面，而造成市場的價格，隨著名人的一舉一動，起伏波動很大。目前 NFT 市場的風氣過度注重在初期的鑄造，特別是搭配盲盒與稀有度的設計，會在開盒之後，讓稀有度高的 NFT 價格快速飆漲。而前期的鑄造者也就比較容易賺到超額的報酬。但到了中期之後，可以明顯看到價格從高點滑落，對價格高點的進場者來說受傷也不輕。

在項目發行前，項目方大多給予的是承諾和願景，像是元宇宙、3D NFT、後續遊戲的發行。而要落實這些承諾，不是靠 NFT 項目發行的資金就可以做成的，更需要團隊有踏實的營運能力。為了維持項目的熱度，也有一些項目在發行後以抽獎、分紅作為誘因，呼籲持有者不要掛賣，或是拿了獎金之後再去買回地板價的 NFT，藉此抬高價格。對於以買、賣價差為投入 NFT 市場目的的人來說，這當然是無可厚非。但是從創業投資的角度來看，如果團隊只會把股利發回給股東，表示經營者沒有能力運用資金創新，來提高項目的價值，是不利於未來發展的訊號。

因此，想要進入 NFT 領域的人，不一定要和群眾一起搶白名單、拚命在第一時間鑄造搶短線。反而可以在項目發行之後的一個月到三個月時間，仔細觀察你有興趣參加的項

目，更能從營運的表現、募集資金的流向，觀察出項目方的經營能力。同時，也可以減少 FOMO 的情緒，讓你更理性的評估。避免因為短期的吸睛，而成為吸金項目的受害者。

3.2
泡沫化

NFT是你不能錯過的趨勢，即使 NFT 有泡沫化的風險。什麼是「泡沫」？泡沫是由狂熱的市場行為推升的資產價格造成。當資產價格大幅高於資產的內部價值，最後的資產持有者無法獲得持續收益，或者用更高的價格賣出時，就會造成價格的快速滑落與虧損。

歷史上泡沫化的例子很多，例如 17 世紀荷蘭的鬱金香狂熱、2000 年的網路（dot.com）泡沫，也有人相信 2021 年的電動車股價將泡沫化，如美國電動汽車公司 Rivian Automotive 和特斯拉（Tesla）。然而泡沫並不代表資產或行業的消失，價格有時候只是市場供需的反映。鬱金香到今天仍然是荷蘭阿姆斯特丹的代表產物、Amazon 和 eBay 已成為全球最大的網路公司。雖然我們還不知道未來電動車會是先發的 Tesla 獲勝，還是後發的傳統車廠先至，但可以確定的是，

電動車會是未來的主流，而燃油車會愈來愈少。

　　我們可以用經濟學家海曼・明斯基（Hyman P. Minsky）在他《穩定不穩定的經濟》（*Stabilizing an Unstable Economy*，繁體中文版由八旗文化出版）這本書中提出的信貸週期，來理解NFT 泡沫化風險的五個階段。

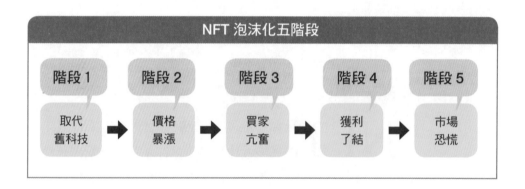

階段 1 取代

　　當創新的科技吸引了投資者的注意，人們對新科技感到非常的興奮。就像 NFT 的出現，為數位資產的所有權提出了新的可能，讓眾多的數位藝術家、幣圈人士、遊戲公司像是發現新大陸一樣，對 NFT 這種新技術產生迷戀。

階段 2 暴漲

市場的成交價格從最初的緩慢成長，然後隨著愈來愈多的參與者進入市場而獲得暴漲的動力。媒體大幅的報導，更加強了大眾對於 NFT 投資機會的 FOMO。這個階段的市場需求大於供給，但風氣轉為投機，愈來愈多的新手和投機者加入，助長了非理性的價格成長。

階段 3 亢奮

隨著 NFT 的價格屢創新高，而且沒有一個客觀的、明確的價格判斷根據，大多數的買家都幻想著買進 NFT 然後一夜暴富。一部分可歸因於衝動購買，另一個原因則是他們相信無論價格多高，都有一個願意支付更高價格的買家在後面接手，而這也是他們唯一可賺錢的方式。

階段 4 獲利了結

買家開始對他們買進的 NFT 價值產生不安和懷疑，這張圖片真的值這麼多錢嗎？於是他們開始賣出 NFT。而這時候他們還是賺錢的，市場保持非理性的時間比想像中再延

長一些，直到再也沒有買家願意用更高的價錢買進，讓成交價開始下跌，出現了警訊。

階段5 恐慌

當大多數的人發現自己為 NFT 付出的價格高得離譜，決定離開這個項目、甚至是 NFT 市場的時候，就會造成恐慌。NFT 的價格逆轉，並且用跟上升速度一樣快的速度下跌，投機者的資金很可能是借貸或挪用的，因此只要能脫手就想用市價成交，由於供給大於需求，NFT 的價格急劇下滑。而泡沫一旦破滅，就無法再次膨脹。

你可以從以下價格走勢圖，觀察一個 NFT 項目價格變化的各個階段（圖 3.2.1）。

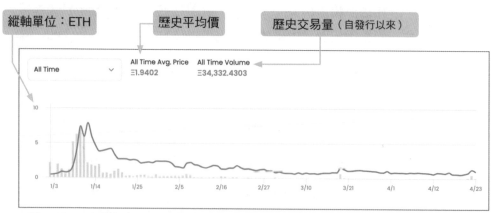

▲圖 3.2.1 NFT 項目〈Phanta Bear〉的價格走勢（圖片來源：OpenSea）

先搞清楚，你是消費還是投資？

　　評估股票的內在價值，可以連結一些現實的條件，像是公司的獲利、殖利率、本益比……等，每個人可以依照自己對投資的期望值做出判斷。買 NFT 則不然，因為大部分對於 NFT 的價值判斷是主觀的：審美、團隊、路線圖……等。另外還有一點很重要，你得先搞清楚自己買 NFT 的原因，究竟是在消費，還是投資？NFT 作為消費品，就像你購買名牌包或是明星的周邊商品，每個人的認知價值和願付價格都不一樣。對周杰倫的歌迷來說，他們可以付出將近百萬臺幣來買一隻 Phanta Bear 表示支持，即使 2022 年 4 月的地板價跌到 6 萬臺幣左右（見圖 3.2.1），對歌迷來說也沒有差別。然而，如果你是為了投資賺錢而購買，很可能對你來說，這就是泡沫。

NFT的社群共識文化

　　人們對於 NFT 的價值共識，其實很類似潮牌文化，這不只是穿某些品牌或買最貴的衣服而已，文化代表了某種忠誠和信仰，代表隱藏在每件物品背後的故事。一件帽 T 什麼時候發行，發行的時候有多少數量，最初的售價和現在市場轉售的價格多少，曾經有哪個名人購買，收藏者對這些故

事都得如數家珍，才能夠融入社群當中。它是關於你如何在排隊幾個小時後才買到，當你得到真正想要的東西時那種欣喜若狂的感覺，而且你知道其他人也很想要這些產品，願意用更高的價錢向你買。你甚至相信，這些東西幾年後會進入博物館，而現在，它們是你個人博物館的收藏。

　　Supreme 就是收藏領域的專家，它從一個小型的地下街頭服飾，成長為價值 10 億美元的全球品牌。Supreme 推出的收藏品非常有趣，從經典標誌的 T-shirt，到滑板、彈珠台、扳手、磚塊……總是帶給收藏者驚喜。而且因為限量推出，在零售時通常會立刻售罄，從商店裡買到的人，總是有機會在二級市場轉售獲利好幾倍。稀缺性、收藏的趣味、轉賣的獲利機會，比這些產品本身的功能，提供給消費者的價值更高。

　　尤其是那些沒有 Supreme 零售店的地區，他們只能在二級市場上購買，而當你唯一的選擇是從 eBay 購買的時候，你就得小心買到假貨。就像嘲弄用高價買進 NFT 的人常用的手法：右鍵另存，或是螢幕截圖。有些人得意洋洋的穿著便宜的仿冒品上街炫耀自己的聰明，然而，對忠誠的社群成員來說，這不是關於擁有一件 T-shirt，而是關於對文化的理解，並且把自己的生活融入其中。

看穿追高的假象

　　然而，社群文化的養成，是需要時間的。在今日看來，即使是最早的 NFT 社群，也不過兩三年的時間，而且隨著 NFT 的快速轉手，社群成員不停的變動，還很難形成穩固的文化。當中，最常見的社群共識是「追高」，通常 NFT 的持有者希望自己的社群成員不要掛賣，在減少供給的手段下，拉高地板價。的確，這會有暫時性的拉抬價格作用，但如果需求沒有持續增加，那麼成交價很容易遇到瓶頸。

　　第二種追高現象容易出現在鯨魚大戶或項目方用批量買回地板價的 NFT，由於區塊鏈交易紀錄是公開的，NFT 平台和一些輔助工具也提供交易活動監測（見圖 3.2.2），當有大量成交活動的時候，往往會吸引新的買家，認為這個項目即將上漲而急於跟進。也因為如此，這種硬撐價格的方式，對項目本身的現金流和籌碼分散是不健康的，追高也可能變成為特定人士出貨鋪路。

　　因此，在決定是否投入一個 NFT 項目之前，最好先進入它們的社群，感受一下社群氣氛，持有者的心態是不是想要趕快脫手獲利，以及項目方是否認真經營，落實路線圖的承諾。同時，也要自我覺察，究竟買進 NFT 是想要投資，還是單純喜歡這個項目，就算買進後不漲反跌也無所謂。追高、投機的開始，往往就是泡沫的前兆。想要避免 NFT 變成泡沫，你還可以參考《NFT 是投資還是賭博？》這部影片。

《NFT 是投資還是賭博？》YouTube 影片

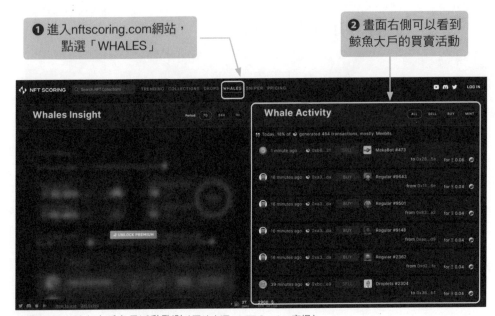

❶ 進入nftscoring.com網站，
點選「WHALES」

❷ 畫面右側可以看到
鯨魚大戶的買賣活動

▲圖 3.2.2　鯨魚大戶交易活動監測（圖片來源：NFT Scoring 官網）

NFT小知識　如何查詢鯨魚大戶的活動？

　　你可以到nftscoring.com網站的上方選單中，點選「WHALES」（鯨魚）的功能，在畫面右側可以看到鯨魚活動（見圖3.2.2），我不建議你看到一個大戶錢包買進就開始跟進，畢竟我們並不知道他買進的動機是什麼。不過如果有很多個大戶錢包，都在買同一個系列的NFT，或許可以給你一些線索，去仔細研究這個項目有什麼特別的地方，為什麼吸引人，再做出你自己的投資決策。

第 **4** 章

實踐，
NFT的創富機會

4.1
如何購買 NFT

這節將按照購買NFT的三步驟：「挑選NFT項目」→「挑選區塊鏈」→「選擇交易平台」，逐一詳細闡述。不論你是新手或是老手，都能看看自己是否有漏掉哪些基礎觀念！

步驟1 挑選NFT項目

　　了解 NFT 最好的方法，就是實際擁有 NFT，無論是購買、發行，或是參加活動免費獲得。當 NFT 的圖像出現在你的錢包裡，你才能體會「擁有」是什麼意思。買 NFT 和買任何其他產品都一樣，首先，你得先知道你想買哪一個 NFT ？

　　通常人們接觸到 NFT 項目的管道，是以社群媒體為主：Twitter, Facebook, Instagram, YouTube……，那怕你只是簡單的丟下一句：「我想買 NFT。」就會有一群（機器）人推薦項目給你。你可以追蹤一些有聲望的 NFT 收藏家、意見領袖、藝術家，很容易就能看見他們關心什麼、談論什麼，以及支持哪些新項目。在你拿出真金白銀下標之前，先好好的

Sharing Box

不盲目跟進大戶，建立自己的 NFT 價值觀

　　我自己最常關注的幾個NFT收藏家，像是Pranksy、radiosolace {Øx}、Kirei.eth，他們各有自己的投資哲學，要注意：每個人的資產配置和價值觀不同，如果你只是想要聽別人報明牌就跟進，往往會讓自己失去判斷力，不知道什麼時候該買進、賣出。而且對大戶來說，買賣的方式往往是看投資組合，也就是說即使他買進的十張NFT有九張不賺錢，只要有一張賺十倍，整體就是賺的。而你有沒有相對的資金可以投入，購買的資金會不會有急用，導致必須賠錢賣出，這些都是要注意的。

欣賞這些作品吧。

如果你想更有條理的挑選 NFT，大致上可以分為一級市場跟二級市場來看。一級市場就是跟發行 NFT 的項目方或是創作者直接購買，二級市場則是向交易平台上的賣家購買。想要參與一級市場的人，獲得消息最快的來源是 Twitter，因為這個社群平台簡短、快速轉推的特性，可以讓搶眼的新項目像滾雪球一樣的獲得矚目。當然，你很可能會被洪水般的聊天訊息、轉推和留言淹沒，聽了太多意見反而不知道自己要什麼，最終一無所獲。

nftscoring.
com

假設你只是想要知道「今天有什麼新項目？」，然後有一個單純的列表。你可以用 nftscoring.com 或 nftcalendar.io 這類網站，找到即將發行的 NFT。至於你要怎麼在這一籃子的 NFT 裡頭挑出你要的，我會在〈4.3 如何找到有潛力的 NFT 項目〉這一節分享給你。

nftcalendar.io

步驟2 你想買的NFT在哪一條區塊鏈？

好了，當你好不容易選了想要買的 NFT，那要上哪裡買呢？首先，你得先知道它部署在哪一條區塊鏈上。下面先介紹幾條常見且各有特色的公鏈：

1. 以太坊（Ethereum）：目前 NFT 交易市占率最高的平台，去中心化的程度較高，但交易成本也較貴。因為成立的

歷史較久，各項應用的發展也較成熟。

2. Solana：被稱以太坊殺手，主要原因就是提供了比以太坊更快的交易速度，更低的交易成本，同時兼顧了安全性與去中心化的機制設計。儘管目前的穩定度和實際的去中心化程度還不如預期，但 Solana 還處於相對早期的階段，仍有改善空間。

3. Tezos：強調綠色節能與自我進化的區塊鏈系統，與 Solana 相同具有競爭力的交易速度與低成本，不同的是 Tezos 上已形成的藝術家及收藏家社群，比起以太坊上的迷因或頭像 NFT，他們更喜歡 1:1 的數位藝術收藏，也就是只有一個版本，獨一無二的藝術創作。在這裡也可以用更低廉的價格來鑄造及交易 NFT，受到新銳藝術家的愛用。

4. Flow：Flow 區塊鏈的創辦團隊是 Dapper Labs，2017 年推出的謎戀貓（CryptoKitties）造成以太坊大當機，2020 年的 NBA Top Shot 帶動這一波 NFT 進入主流市場，可說是最懂得操作 NFT 商機的區塊鏈團隊。同時也運用獨特的多核心節點設計，讓 Flow 更友善 NFT 及開發者。

以 NFT 項目〈Imaginary Ones〉為例，當你在 Twitter 挖掘到這個項目，想要進一步了解它部署在哪一條區塊鏈上，首先就是到官方網站，你可以看到很清楚的說明，〈Imaginary Ones〉部署在以太坊區塊鏈上（見圖 4.1.1）。

或者，你也可以從交易平台上，如 opensea.io 上看到〈Imaginary Ones〉這個項目，這時候你可以從該 NFT 作品

官網註明
Imaginary
Ones部署在
以太坊區塊鏈

▲圖 4.1.1 〈Imaginary Ones〉的區塊鏈標示（圖片來源：Imaginary Ones 官網）

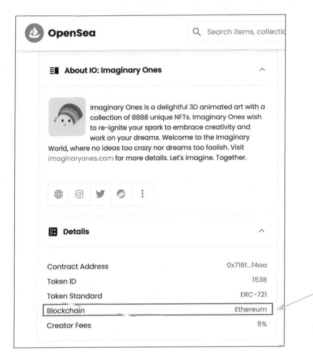

「Details」列表中，
顯示Imaginary Ones
部署在以太坊區塊鏈

◀圖 4.1.2
opensea.io 上的區塊鏈標示
（圖片來源：OpenSea）

左下角的「Details」列表中，知道這個 NFT 所在的區塊鏈是以太坊（見圖 4.1.2）。

步驟3 選擇交易平台

網際網路上的電商交易平台，是將商品的資料儲存在電商平台的伺服器上，別的平台不能擅自的轉載商品資料。而 NFT 則是將元數據儲存在區塊鏈上，交易平台只是去存取這些資料，並利用自家的使用者介面來呈現。因此在同一條鏈上的 NFT，可能同時在多個平台都可以看到及交易。

以下列出幾個常用的交易平台，它們各自支援的區塊鏈不同，也有自己的特色。你可以從網站介面的設計是否流暢、平台收取的交易手續費高低、銷售項目的審核嚴謹程度，來挑選適合的交易平台：

◆ opensea.io

OpeaSea 是目前最大的 NFT 交易平台，提供使用者鑄造 NFT 的介面，只需支付初次使用的費用之後，就可以用稱為「Lazy minting」（環保鑄造）的方式，免費鑄造 NFT，也就是使用者在創建 NFT 時先不用支付 Gas Fee，等到 NFT 在鏈上被購買，或者轉讓給他人的時候才需要支付 Gas Fee。

opensea.io

由於沒有資格或上架的審查機制，因此 opensea.io 上面的 NFT 數量繁多，但品質不一。opensea.io 目前支援以太坊、Polygon、Klaytn 及 Solana 四條鏈上的 NFT（Polygon 是以太坊的第二層鏈解決方案，主要目的在降低以太坊的高額交易成本）。

使用的加密貨幣：以太幣

在 opensea.io 購買以太坊上的 NFT，最主要使用的加密貨幣是以太幣 ETH（Ether）。如果你想要向 NFT 賣家出價，則需要「包裝以太幣 WETH」（Wrapped ETH），當你出價後，在拍賣截止時交易會自動完成，無須另外手動操作。ETH 和 WETH 的價值完全相同，你可以在 opensea.io 上的個人帳戶中兌換（見圖 4.1.3 及 4.1.4），兌換時需要花費 Gas fee。

推薦錢包：MetaMask

同時你還需要一個支援以太坊的錢包（wallet），在 opensea.io 上最受歡迎的錢包是 MetaMask，暱稱為小狐狸錢包。你可以在 Chrome 瀏覽器商店裡找到這個外掛的應用程式，申請和安裝完全免費，也不需要輸入個人資料。只需要記下你的助記詞，設定好密碼，就可以在任何一個適用的裝置復原你的錢包，包含手機的 APP 也可以使用。詳細的錢包申請流程，可以掃右方 QR Code 觀賞我的介紹影片《取得加密貨幣錢包 MetaMask，2 分鐘申請完成申請教學》。

《取得加密貨幣錢包 MetaMask》

錢包，顧名思義就是存放加密貨幣以及你所擁有的

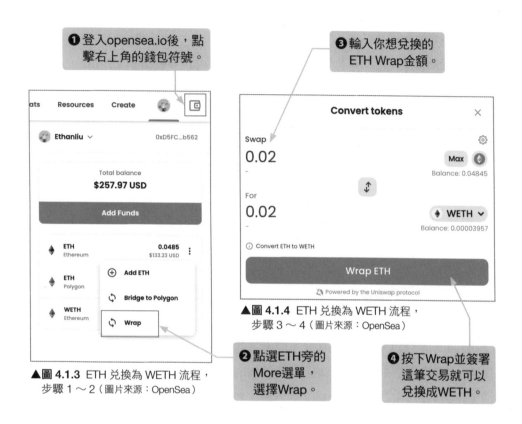

❶登入opensea.io後，點擊右上角的錢包符號。

❸輸入你想兌換的 ETH Wrap金額。

▲圖 4.1.4 ETH 兌換為 WETH 流程，步驟 3 ～ 4（圖片來源：OpenSea）

▲圖 4.1.3 ETH 兌換為 WETH 流程，步驟 1 ～ 2（圖片來源：OpenSea）

❷點選ETH旁的More選單，選擇Wrap。

❹按下Wrap並簽署這筆交易就可以兌換成WETH。

NFT，同時，也可以移轉你的資產到其他的錢包裡，因此，保管好錢包的密碼、助記詞，是安全保管加密資產最重要的工作。

magiceden.io

◆ magiceden.io

Magic Eden 是 Solana 區塊鏈上的 NFT 平台，使用的體驗與現有 Web 2.0 網站類似，速度及介面都很流暢，也是讓

Magic Eden 能夠在 Solana 上脫穎而出的原因之一。在 Magic Eden 上鑄造和首發 NFT 項目是需要經過申請的，藉此提高項目的合法使用，以及團隊的實名認證。在 Solana 鏈上的 NFT 也可以上到 Magic Eden 來銷售，平台上架時不收費用，在成交時收取每筆交易金額的 2% 手續費。

使用的加密貨幣：SOL 幣

購買 Solana 上的 NFT，或所要支付的 Gas Fee，使用的加密貨幣是 SOL 幣。

推薦錢包：Phantom

同樣的，你也需要一個支援 Solana 的錢包，在這裡我推薦 Phantom 錢包，它和全球最大虛擬貨幣交易平台「FTX 交易所」整合得很好，你可以直接在錢包內連結到交易所帳戶，轉帳到錢包來購買 NFT，非常方便。Phantom 近期也支援 iOS 的 APP 版本。

◆ objkt.com

OBJKT 是目前 Tezos 鏈上最大的 NFT 交易平台，以銷售「#CleanNFT」為訴求，提倡在 Tezos 區塊鏈上更環保、潔淨、永續的 NFT 交易。在 Tezos 鏈上原本最受歡迎的交易平台是「Hic et Nunc」（暱稱 HEN），然而，因為 HEN 平台的介面不易使用，而且在 2021 年 11 月時無預警關站，使

objkt.com

得原本屈居第二名的 OBJKT 順理成章的成為鏈上的領導者。

OBJKT 的讀取速度快，提供銷售排名，以及跨平台的聚合交易，因此你可以在這裡購買原本列在 HEN 上面的 NFT 作品，同時也可以購買 Tezos 鏈上受歡迎的 Kalamint 平台及臺灣團隊開發的 akaSwap 平台上的 NFT。

推薦錢包：Kukai

Tezos 鏈上的錢包選擇很多，我常用的是 Kukai，你可以使用社群帳號如臉書、推特或是 Google 帳號登入即可使用。

使用的加密貨幣：Tez 幣

在 OBJKT 上購買 NFT，你需要準備 Tez（XTZ）代幣，如果你已經有在交易所買幣的經驗，可以在任一個交易所購買 Tez 之後再轉到 Kukai 錢包。或是直接透過 Kukai 錢包內連結第三方支付機構 MoonPay，使用信用卡刷卡購買。完成之後連結到 OBJKT 的網站就可以開始購買你喜歡的 NFT 了。

rarible.com

◆ rarible.com

Rarible 目前支援 Flow、以太坊以及 Tezos 區塊鏈，是一個朝向去中心化自治組織（DAO）發展的交易平台。用戶

在 Rarible 上購買或售出以太坊的 NFT，可以獲得它的治理代幣 RARI，用於參與社群決策。和 opensea.io 類似，你也可以在 Rarible 支援的三個區塊鏈上鑄造自己的 NFT。

推薦錢包：Blocto

前面提到的 MetaMask 和 Kukai 錢包同樣可以在 Rarible 上登入，購買以太坊和 Tezos 上的 NFT。若要購買 Flow 區塊鏈上的 NFT，你就必須使用由臺灣團隊研發的 Blocto 錢包，同時也是 Flow 區塊鏈上使用率最高的錢包。Blocto 屬於半去中心化的錢包，使用者需要安裝手機 APP，透過 email 接收驗證碼來登入。

使用的加密貨幣：FLOW 幣

購買 Flow 區塊鏈上 NFT 使用的加密貨幣就是 FLOW，可以在 Blocto 內連結第三方合作平台刷卡購買，當然，你也可以從中心化交易所購買 FLOW 幣再轉到 Blocto 錢包內。

以上的錢包申請、購買 FLOW 幣，以及在 Rarible 上購買 NFT 的流程，可掃右方 QR Code，參考我在 2021 年 12 月發行〈KOL NFT〉時提供的購買教學。只要是購買 Rarible 上的 NFT，步驟都是一樣的。

Rarible 的 NFT
購買流程教學

在這一章，我們從接觸 NFT 的管道，到 NFT 所在的區塊鏈、使用的幣種以及錢包，做了一連串的介紹。由於區塊鏈生態系發展快速，在書寫的同時無法包含所有的區塊鏈和

錢包，例如目前NFT成交量快速成長的雪崩鏈（Avalanche），但是整體的方法和系統是不變的，相信你可以依照讀到的內容舉一反三，靈活運用。

四大交易平台比較				
NFT 平台	支援區塊鏈	交易手續費	推薦錢包	特色
opensea.io	以太坊、Polygon、Klaytn、Solana（2022年4月起）	2.5%	MetaMask	目前交易量最大，沒有上架審查機制，因此 NFT 品質不一。
magiceden.io	Solana	2%	Phantom	介面清楚、流暢。有上架審核機制，提高 NFT 項目的合法性。
objkt.com	Tezos	2.5%	Kukai	讀取速度快，且聚合了 Tezos 鏈上的跨平台展示和交易。
rarible.com	Flow、以太坊、Tezos	2.5%	Blocto	支援多樣化區塊鏈，可獲得 RARI 代幣參與 DAO 的自治。

現在的市場，我會買什麼 NFT？

你可以掃描右方QR Code，了解在熊市的時候，我會買什麼NFT？以及為什麼購買這些NFT？

《現在的市場
我會買什麼
NFT》YouTube
影片

如何出售你的 NFT？

在這裡我以Rarible平台為例。出售NFT和購買一樣，你需要先連結你的錢包登錄到Rarible，然後點擊你的頭像進入個人頁面。

接著，選擇你想要出售的NFT，點擊「出售」按鈕。然後，平台會跳出出售設定（見下圖），你需要選擇出售的方式，再填寫出售的價格，就能上架你的商品。

設定出售方式，
總共有以下三種
（由左至右排列）：
1. 固定價格
2. 開放競標
3. 限時拍賣

4.2
如何發行NFT

「**孩**子是天生的藝術家」，那究竟是什麼，使得長大的我們喪失了創造力？台語有句話說「藝術家，睡地上」意思是，藝術家生活難過，賺不到錢，所以我們當中有多少人其實是藝術家，但是被現實逼得去當工程師、銀行員，現在有了NFT，當藝術家就變得現實多了。你小時候在課本上畫畫，可能會被老師罵，說畫圖的沒出息。現在看到你兒子、女兒在課本上畫畫，別忘了問他，要不要出個NFT！

這節將按照發行NFT的三個基礎步驟：「選擇創作形式」→「先選鏈，再選平台」→「鑄造與銷售」，逐一詳細闡述。

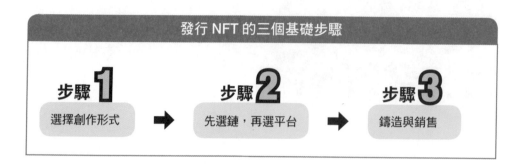

發行 NFT 的三個基礎步驟

步驟1 選擇創作形式 ➡ **步驟2** 先選鏈，再選平台 ➡ **步驟3** 鑄造與銷售

步驟1 選擇創作形式

　　早期的 NFT 作品通常以圖片方式呈現，到了 2022 年，NFT 的形式非常多元：攝影、插畫、像素藝術、3D 模型、GIF 動畫、影片、音樂……，各式各樣的形式都拓展了創作者發揮的空間。因此，想要發行 NFT 的第一步，是選擇你的創作形式，你想要用什麼樣的媒材來和觀眾溝通。

　　首先，建議還是依照你個人的專長領域來選擇。在 2021 年的 NFT 初升段，你可以看到許多的 Fiverr 專案——意思是到外包網站「Fiverr」找美術設計外包，或是網站設計外包，很快就可以發行 NFT。於是造就了許多 NFT 孤兒，在購買後就沒人經營。而這些 NFT 發行者嘗到了甜頭，更變本加厲，專案一個接著一個，成了 NFT 的連續發行者。但是，現在的 NFT 資訊愈來愈多，購買者也變聰明了，想要發行 NFT 的人，還是應該回歸長期的品牌經營來踏出發

行的第一步。

　　藝術家可以依照你原先擅長的媒材來創作，再轉化為數位形式。如果原本就擅長用數位工具，加上 NFT 那更是如虎添翼。例如你可以用 iPad 直接作畫，再用數位版畫的方式限量發行。攝影師可以用系列主題創作來為自己的海量圖片策展，例如美國攝影師 Justin Aversano 在 2021 年 2 月，將他的系列作品《雙生火焰》（Twin Flames）製作成 NFT（見圖 4.2.1），並且打造了一個社區公共藝術平台 SaveArtSpace，將廣告空間轉變為當地社區的公共藝術，為藝術家提供在公共空間展示作品的機會，影響和啟發新一代藝術家，藉此擴大影響力，進而獲得名人和社群支持，將作品推上蘇富比進行拍賣。

▲ 4.2.1 NFT 作品《雙生火焰》／美國攝影師 Justin Aversano（圖片來源：OpenSea）

音樂創作者用單曲來發行 NFT 是天經地義的，除了專輯封面作為圖像，只要將 NFT 作為購買者限定解鎖的內容，就可以讓購買者擁有自己喜愛歌手的音樂作品。甚至，音樂創作者也可以將音樂的著作權部分授予購買者，讓他們可以獲得公播、商用、二創的權利，讓自己的歌曲更廣泛的應用和傳播。

　　影音創作者可以將自己的影片做成 NFT，讓喜愛的人收藏之外，也可以作為授權的影音素材，讓其他創作者結合在自己的作品內。TikTok 的合拍（duet）功能就是這個領域最受歡迎的應用，想像一下未來 TikTok 上面只有擁有你 NFT 的創作者才能跟你合拍，當大家都想要用你的授權 NFT 來合拍的時候，是不是就會推動更多人來購買，進而提高市場的價格呢？

　　總之，選擇創作形式是發行 NFT 的第一步，任何一種形式都有成功案例，儘管選擇你擅長的放手一搏吧。

步驟2 先選鏈，再選平台

　　選擇好創作形式，也做好了一系列作品，下一步就是選擇哪一條區塊鏈。選擇區塊鏈的首要考量是市場，也就是你的 NFT 要賣給誰？因為在不同的區塊鏈上，使用者進入門檻不同，成本、便利性、社群偏好也不一樣。目前常用的

NFT 公鏈有以下幾條：

區塊鏈	優勢	適用對象
以太坊	去中心化程度高、市場交易量大、媒體關注度高。	想要獲得幣圈人士認同、定價較高、現成工具的項目。
雪崩鏈	交易平台創新、未來擴充性高。	想要嘗試 AR、VR 及創新體驗的 NFT。
Flow	專為 NFT 打造、有知名 IP 合作、友善開發的程式語言。	運動、遊戲、收藏型 IP 的 NFT、結合友善新手的 Blocto 錢包收藏。
Solana	低交易費、高拓展性、有強大的投資者支持。	結合 GameFi、DeFi 操作的 NFT。
Tezos	節能永續的品牌形象、支持藝術的社群、中文友善的交易平台。	針對臺灣市場發行、獨立藝術創作、小資族也可輕鬆入手。

以太坊：目前主流的 NFT 發行平台，市占率達 80% 以上。以太坊適合想要發行頭像型 NFT 的項目，目標族群是已經熟悉加密貨幣交易，或是幣圈的早期擁護者。此外，因為每筆交易成本高，發行者應該考量成本占 NFT 本身的價位及成長性的比重。

雪崩鏈（Avalanche）：於 2020 年上線，特點是全新的共識機制「Avalanche」，又稱為「雪崩協議」。以完成時間來衡量，是目前交易處理速度最快的智能合約平台，平均每筆交易可在 2 秒內完成。

雪崩鏈上的 NFT 交易平台提供了一些新奇的體驗，例

如：VR 虛擬藝廊、手機 APP 的 AR 展示空間，適合想嘗試創新的展示及體驗的 NFT 項目。目前在該鏈上的 NFT 交易量還不算大，主要來自於邊玩邊賺遊戲 Crabada，這是一款類似 Axie Infinity 的養育對戰遊戲，可以發揮雪崩鏈的速度和低成本優勢。

Flow：Flow 的創辦團隊 Dapper Labs 開發了以太坊知名的 NFT 系列〈謎戀貓〉，並因為大受歡迎而出現網路壅塞、Gas Fee 飆高的現象。因此，團隊決定打造低成本、低延遲、友善開發環境的平台，也就是 Flow 區塊鏈的原型。Flow 擅長和全球知名 IP 合作，例如 NBA、NFL、UFC 等職業運動品牌，以及遊戲和音樂唱片公司。

一般使用者可以在 Rarible 平台發行 Flow 區塊鏈上的 NFT，企業發行者也很適合自建官網來連結 Rarible 平台，發行及交易 Flow 區塊鏈上的 NFT。

Solana：Solana 創建了歷史證明（Proof-of-History）的運算機制，為每筆交易加上時間戳記並發送給節點，驗證者就能按照這個時間戳記來驗證交易，創建一種兼顧去中心化、擴充效能和安全性的環境。Solana 最早是以去中心化金融（DeFi）為主的區塊鏈生態系，目前 NFT 的交易平台和分析工具也漸趨完整。Solana 適合發行互動性高、交易頻率高的 NFT，最受歡迎的特色系列像是寵物冒險角色扮演遊戲〈Aurory〉和個人空間社交元宇宙的〈Portals〉都具有很高的識別度。

Tezos：主要定位是綠能永續的區塊鏈，對於藝術家來說，這是影響他們是否進入 NFT 領域的重要原因。Tezos 和其他的以太坊殺手一樣，以低廉的 Gas Fee 和交易速度取勝。然而更大的特色是，在 Tezos 上的社群更喜愛多樣性、親民價格的 NFT 創作，像是程式生成藝術（Generative Art）、手繪藝術的數位典藏，甚至是文字創作、程式碼等。Tezos 非常適合獨立藝術家發行作品，或是以贈品方式發送 NFT。

步驟 3 開始鑄造與銷售

在上一章我們已經分享了購買 NFT 時所需要的錢包、加密貨幣和交易平台。當我們想要發行自己的 NFT 時也需要這些工具，而在區塊鏈上建立 NFT 的媒體和中繼資料（metadata）的過程，就稱為鑄造。

在各區塊鏈平台鑄造 NFT 的方式大同小異，我們在這裡使用 Flow 區塊鏈，並且在 Rarible 交易平台來鑄造 NFT 作為範例：

❶進入 Rarible 後，點選右上方的「創建」，在這裡選擇你想要在哪一條區塊鏈上鑄造，目前 Rarible 支援以太坊、Flow、Tezos、Polygon 四條區塊鏈，❷請選擇 Flow 區塊鏈（見圖 4.2.2）。

❸選擇 Flow 之後，需要以 Blocto 錢包登入（見圖 4.2.3），

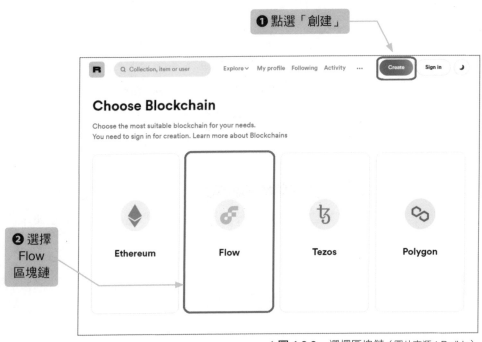

▲圖 4.2.2　選擇區塊鏈（圖片來源：Rarible）

如果你還沒有申請 Blocto 錢包，可以在手機端運用電子郵件信箱註冊。

❹成功登入之後，就會進入鑄造的畫面，這裡有幾個欄位要填寫（見圖 4.2.4）。

❺在「Upload file」欄位，上傳你的 NFT 媒體檔案，例如圖像、音樂、影片（見圖 4.2.4）。

❻在「Put on marketplace」欄位，可以在鑄造的同時將 NFT 放上市場銷售，這裡有三種定價方式，固定價格、開放競標與限時拍賣（見圖 4.2.4）。選擇固定價格的話，請在接下來的 Price 欄位填入你想要銷售的價格。Flow 區塊鏈上

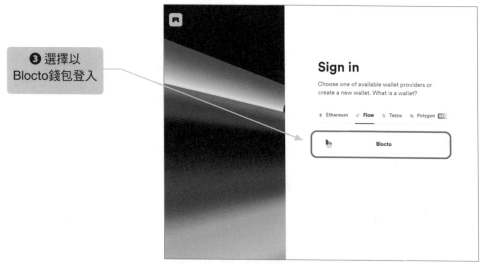

❸ 選擇以
Blocto錢包登入

▲圖 4.2.3 連結加密貨幣錢包（圖片來源：Rarible）

目前開放兩種加密貨幣，分別是 FLOW 與 FUSD。Rarible
收取每筆交易的 2.5% 交易手續費，當你輸入完價格，下方
會顯示若賣出時你實際會收到多少錢。

❼ 接下來輸入 NFT 作品的名字、簡介和版稅，按下
Create Item（見圖 4.2.5），你的 NFT 就鑄造完成囉。

目前在 Flow 區塊鏈上鑄造的 Gas fee 是有補貼的，鼓
勵大家可以去試試看，感受一下你的作品鑄造成 NFT，並
且在市場上銷售的感覺。

我在 2021 年 12 月發行的訂閱型 NFT〈KOL NFT
ZERO〉（見圖 4.2.6），也是選擇在 FLOW 區塊鏈上發行，

主要是因為當時大多數人都是購買人生第一個NFT，為了讓大家購買、收藏方便，選用了相對容易入門的 Blocto 作為收藏錢包，讓購買者可以在一個 APP 內就完成買幣、買NFT、收藏、展示的功能。

❺ 上傳NFT媒體檔案。

❹ 進入鑄造畫面。

❻ 選擇定價模式。

▲圖 4.2.4　開始鑄造 NFT
（圖片來源：Rarible）

▶圖 4.2.5
完成鑄造 NFT（圖片來源：Rarible）

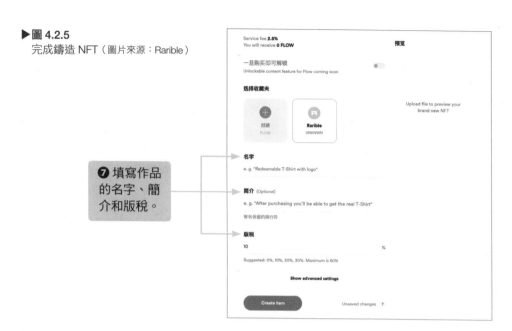

❼ 填寫作品的名字、簡介和版稅。

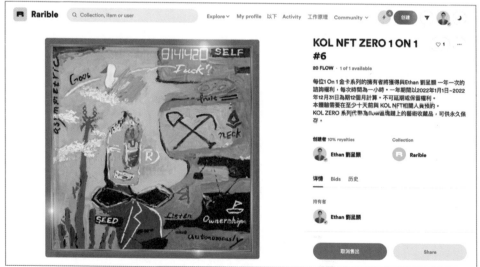

▲圖 4.2.6　訂閱型 NFT〈KOL NFT ZERO〉（圖片來源：Rarible）

如何組團隊發行你的第一個 NFT ？

《如何找到團隊一起發行NFT》YouTube影片

找到志同道合的夥伴建立團隊，是發行NFT很重要的一環。我在《如何找到團隊一起發行NFT ？》這部影片中，介紹了「NFTBOBA」珍奶收藏卡牌的團隊，你可以掃右方QR Code，聽聽他們分享彼此如何認識？團隊如何學習新技術？以及團隊曾經有過哪些意見衝突？相信會帶給想要發行NFT項目的人一些啟發。

4.3
如何找到有潛力的 NFT 項目

很多人常常會問說:「要從哪裡知道 NFT 的最新資訊?」、「我要怎麼評估一個 NFT 項目是否值得投資?」,在這一節我會帶給你實際的工具,讓你找到適合自己的 NFT 項目,並且告訴你評估一個 NFT 的項目的時候,有哪些是必須要注意的。

觀察 1 概觀整體市場

cryptoslam.io

首先我們想要對 NFT 市場有一個概觀,了解近期的熱門項目,以及不同的區塊鏈市場。你可以使用 cryptoslam.io 這個網站,在右邊可以看到不同區塊鏈在過去 30 天內的交易量排名(見圖 4.3.1)。以 2022 年 4 月份來說,前三名分別

▲圖 4.3.1 用 cryptoslam.io 觀察區塊鏈市場
（圖片來源：Crypto Slam 官網）

是以太坊、Solana，以及雪崩鏈。然後你可以到左側的 NFT
項目交易量排行，依據 30 天、7 天及過去 24 小時排名，找
到各個鏈中的熱門項目。然後加入你的關注名單。

觀察2 近期將發行項目

　　從熱門的角度來看，交易量其實是落後指標。那要如何
知道還沒有發行的潛力項目資訊呢？老實說，透過推特上的
意見領袖和業界人士，發布具有洞察的訊息，以及追蹤他們
都在追蹤的項目，是一個我認為最有參考價值的方法。然

而，這也是很主觀的，而且大戶的追蹤項目，往往也都是高價項目，不見得適合每個人。如果你有興趣知道我在推特上追蹤了哪些重要人士，你也可以透過我的推特 @ethankolnft 認識我追蹤的對象。

另外，nftcalendar.io 是一個依照發行日期分類 NFT 的平台，你可以透過首頁的摘要，很快的用圖像的水準來篩選你有興趣的項目。點進你有興趣的項目後，你可以在網站上看到每個項目的視覺、網站、Twitter、Discord、在哪一條區塊鏈上發行、發行日期，這個網站都用列表的方式整理好（見圖 4.3.2）。

nftcalendar.io

❶ 項目方的社群

❷ NFT 所在的區塊鏈

❸ NFT 的發行平台

◀圖 4.3.2 nftcalendar.io 網站的列表說明（圖片來源：NFT Calendar 官網）

除了用視覺判斷，另一個網站 nftscoring.com 也提供了各項目的推特、Discord 人數成長趨勢，你可以用 Community Score 排名來了解社群的互動程度，參考 Upvotes 的數值了解被看好程度，幫助你找到人氣指標（見圖 4.3.3）。不過要注意的是，有些社群會用大量的廣告、抽獎或是買粉絲的方式來快速成長，因此，還是要多參考 NFT 的其他面向，綜合評估。

nftscoring.com

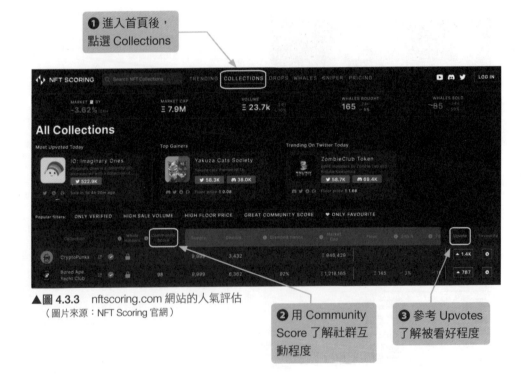

❶ 進入首頁後，點選 Collections

▲圖 4.3.3　nftscoring.com 網站的人氣評估
（圖片來源：NFT Scoring 官網）

❷ 用 Community Score 了解社群互動程度

❸ 參考 Upvotes 了解被看好程度

觀察3 項目經營團隊

　　當你選定了一個項目進一步了解的時候，第一個評估的重點是這個團隊組成的人是誰？和創業投資一樣，當我們在評估一個新創項目的時候，除了項目本身的可行性之外，執行的團隊其實才是最關鍵的。以臺灣的 NFT 項目 Demi-Human 為例，我在向大眾介紹這個項目之前，就先和團隊成員開過線上會議，了解他們創立這個項目的動機、成員如何分工、專業背景等資料，確認項目經營者有什麼樣的核心能力可以幫助項目成功。

　　你也可以這樣做：先在項目的官方網站找到創辦團隊的資料，最好是附上他們個人的社群連結。LinkedIn 是最具有參考性的社群，上面記載了個人的學歷、工作資歷以及產業人脈。如果項目方成員沒有 LinkedIn，則至少要有個人的推特，你可以去看看他曾經發表過的文章，以及他跟社群互動的狀況，來了解項目方。最後，你也可以透過私訊或是在

如何觀察項目經營團隊？

‧ LinkedIn→查看成員的學歷、工作資歷以及產業人脈。

‧ Twitter→查看項目方成員曾經發表過的文章，以及他跟社群互動的狀況，或是直接私訊對方。

‧ Discord→標記項目方成員，來建立直接溝通的管道。

Discord 裡面標記項目方成員，來建立直接溝通的管道。

觀察 4 親身走進市場

當你看完執行團隊的背景，認識這個團隊的核心成員後，的確可以讓你對項目產生信心，但老實說，只有市場永遠是對的。當你確定要購買 NFT 前，記得先冷靜一會兒，傾聽市場的聲音。因為比起官方的訊息，你更應該去了解的潛在購買者，你需要觀察：

• 潛在購買者的持有心態：他們是短期投機者？還是長期會支持這個 NFT 項目的人？

• 潛在購買者對這個 NFT 項目的期待：他們要求項目方經常舉辦抽獎？空投？還是願意花時間等待，讓項目方好好的經營，累積更高的價值。

現在的 NFT 項目大多有 Discord 或 Telegram 的群組，你可以加入群組，閱讀官方發布的歷史訊息和最新進展。同時也注意社群成員常問的問題、大家最關切最擔心的是什麼。另外，你也需要了解社群成員是動態改變的，在項目初期通常短期投機者較多，一有地板價的變動，這些紙手（Paperhand）可能就會賣出。而在中期之後，項目方的經營能力就不只是許下願景而已了，還要有實際的成績，才能吸引持有者長期的關注和支持。

要提醒讀者，就算你看到有很多的網紅或是意見領袖進場支持某個 NFT 項目，也不代表這個項目就一定會漲，因為你並不知道他們支持、購買的原因，也許是廣告代言，也許是朋友贈送，或者購買這個項目對他們來說只是總資產的 0.001% 而已，但卻可能是你的 10%。

　　最後，除了對市場的觀察，你還需要有一些自己的觀點跟看法，以避免錯失恐懼症，造成盲目的跟進。以 Demi-Human 為例（見圖 4.3.4），這是個頭像型的 NFT 項目，在下單購買之前你可以先問自己下面這些問題：

　　• 你會想把自己擁有的 NFT 當成頭貼嗎？

　　• 實際參與 Demi-Human 的 Discord，了解團隊的理念、聽完 AMA 活動（Ask Me Anything）後，你會想購買他們的

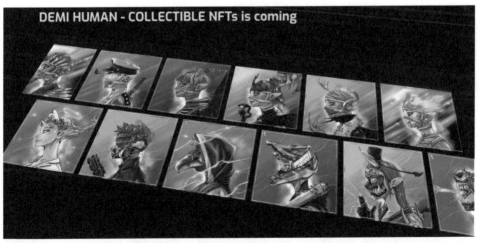

▲圖 4.3.4　DemiVerse 的 NFT 專案《Demi-Human》（圖片來源：demiversestudio）

NFT，成為 Demily 嗎？

　• 這個項目有什麼特色是別人沒有，對你來說有特別價值的地方嗎？

　這些才是對你而言最重要的問題。

我為什麼會購買《Demi-Human》NFT？

　我在 2021 年 10 月和 Demi-Human 的團隊進行會議，認識幾位創辦人的專業背景，由網路工程專家、智能合約開發、社群經營和泰國畫師組成，和一般外包或兼職的團隊相比，他們全心投入並且能夠掌握項目所需要的核心能力。而在視覺方面，我認為畫師的手感所呈現的光澤和角色各異的線條，也足以讓頭像具有明顯的識別度。最難能可貴的則是社群的氣氛，無論銷售情況、地板價如何，團隊總是以樂觀的態度帶動社群的正面氣氛，向心力十足。我在觀察了兩個月之後，就在 2021 年 12 月以 0.08 ETH 鑄造了 DemiHuman#4386。

觀察5 風險與生命週期

　　買你不懂的東西都是賭博，用你不能輸的錢去投資都是投機。

　　所有的 NFT 項目都有風險，未來都有歸零的可能，所以你要投入多少的金錢，自己要有心理準備。其實你在參與一個 NFT 項目時，你就是一個天使投資人。作為一個天使投資人，你要先了解你投資的項目處於什麼樣的階段？NFT 項目在公開發售前，就是種子期，儘管有路線圖、團隊介紹、部分的圖像是展示影片，但這個項目能不能落實路線圖，你是一點都不確定的，種子期的風險最大，潛在利潤也存在很大的想像空間。

　　在 NFT 項目公開發售之後，特別是有盲盒機制的項目開盲盒之後，面臨的就是市場的第一次挑戰，這就像是新創公司的天使期：產品已經做出來了，市場是否支持也更為明確，如果鑄造的過程不順利，或是開盲盒之後的品質引起市場不滿意，就會有明顯的價格回檔。相反的，如果鑄造過程順利，完全銷售完畢，也沒有遇到駭客、科學家，或是氣費戰爭引起的消費者損失，也有可能進一步受到追捧。在「天使期」這個階段，通常會有一輪的籌碼換手，短期投機客出場，看好的天使投資人接棒。這個階段的投資是希望藉由你自己投入跟一群人的支持，讓 NFT 成長得更穩健。

　　如果你想要參與「天使期」階段的購買，你可以使用

sunspot.gg 提供的工具，點選「launch app」，按下右上角的「+create alert」，輸入你想要購買的系列名稱，選擇你想要追蹤的價格，例如該項目原本的地板價是 2 ETH，你可以設定為當有人標價低於 2 ETH 時通知你。你也可以設定在桌面收到通知，甚至是在按下通知時立即購買（見圖 4.3.5），以快速獲得你想要的 NFT。

sunspot.gg

　　當項目經營一段時間之後，努力經營的團隊會有一些好消息曝光，例如受到投資基金的青睞獲得一大筆資金，或是項目與其他品牌聯名進入元宇宙，名人高價買進，或是項目

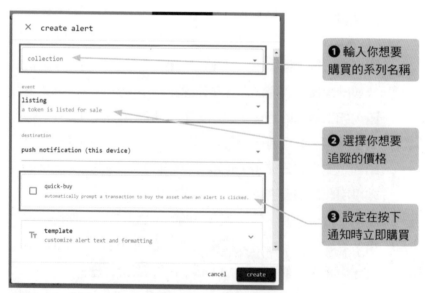

▲圖 4.3.5　利用 sunspot.gg 追蹤價格（圖片來源：sunspot.gg）

flips.finance

追加空投 NFT 給持有者……等等。這時候的 NFT 相當於新創圈的「A 輪」階段，價格通常已經不便宜，在交易量排行榜上也常看見它們的名字，如果想要進場購買，除了準備一些資金之外，還需要相關的工具輔助。例如 flips.finance 可以查詢到 NFT 項目的地板價走勢、持有者數目變化，以及標價出售的 NFT 數量（見圖 4.3.6），這個綜合指標也就某種程度反映出社群對這個項目的相信程度。而學會看持有者數目變化，以及標價出售的 NFT 數量，也就是股市投資常說的「新手看價、老手看量、高手看籌碼」。

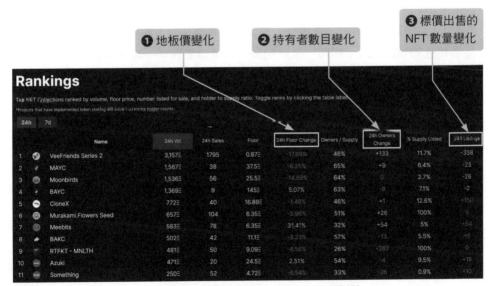

▲圖 4.3.6　利用 flips.finance 查詢綜合指標（圖片來源：Flips.Finance 官網）

以上 5 個評估重點，你可以利用下頁的〈NFT 潛力評分表〉在每一個項目給它一個 1~5 分的評估，當然每一個人會有很主觀的判斷，所以這個評量表不是用來產生一個絕對分數，而是觀察 a 項目、b 項目之間的一個相對分數，如果有一些 NFT 項目的分數特別低，你心裡就要有一點警覺了，它是不是有哪些地方風險很高，你還要不要繼續參與下去呢？這是你可以去自我檢視的。

NFT 小知識

如何判斷 NFT 買進的合理價位？

項目整體價位的合理性，可與同一條區塊鏈上類似型態、交易量排名接近的項目比較。同時，單一的 NFT 售價也要與同一項目內其他 NFT 的價位做比較，項目內的比較，可以用稀有度排名和歷史交易價格，來判斷買進價位是否合理。

NFT 小知識

如何判斷 NFT 的流動性？

如果你想評估賣出 NFT 可能需要多長時間，可以調查該 NFT 項目最近的成交頻率及成交價、賣家標售的價格與買家出價之間的差距，以及賣家標售件數與買家出價件數的比例。

【NFT 潛力評分表】			
評估項目	評估內容	分數	輔助工具
整體市場	是否已觀察各區塊鏈 NFT 交易量排名？	☐已觀察 ☐未觀察	cryptoslam.io
	是否已找到各區塊鏈中交易量名列前茅的項目？	☐已查詢 ☐未查詢	
近期發行	快速用圖像來篩選你有興趣的項目（興趣愈高，分數愈高）	☐5分 ☐4分 ☐3分 ☐2分 ☐1分	nftcalendar.io nftscoring.com
	用社群人氣指標找到熱門的項目（熱門程度愈高，分數愈高）	☐5分 ☐4分 ☐3分 ☐2分 ☐1分	
項目團隊	團隊核心成員是否有公開資訊？（資訊愈多，分數愈高）	☐5分 ☐4分 ☐3分 ☐2分 ☐1分	項目官網 LinkedIn Twitter
	成員經歷與項目所需專業是否相關？（相關程度愈高，分數愈高）	☐5分 ☐4分 ☐3分 ☐2分 ☐1分	
	團隊承諾的里程碑是否有按計畫進行？（按照計畫者，分數愈高）	☐5分 ☐4分 ☐3分 ☐2分 ☐1分	
市場反應	社群對這個項目最熱中、關注、討論的地方是什麼？	請填寫：＿＿＿＿＿ ＿＿＿＿＿＿＿＿	Discord Telegram
	提出一個你想問的問題，並在社群內提問	我想問：＿＿＿＿＿ ＿＿＿＿＿＿＿＿	
	社群與經營團隊互動狀況（互動愈多，分數愈高）	☐5分 ☐4分 ☐3分 ☐2分 ☐1分	
	這個項目有沒有什麼特色是別人沒有的？（特色愈多，分數愈高）	☐5分 ☐4分 ☐3分 ☐2分 ☐1分	
	我想要長期持有這個 NFT 嗎？（長期持有分數愈高）	☐5分 ☐4分 ☐3分 ☐2分 ☐1分	

評估項目	評估內容	分數	輔助工具
風險與 生命週期	如果這筆購買金額歸零，我可以承受嗎？（承受程度愈高，分數愈高）	□ 5分 □ 4分 □ 3分 □ 2分 □ 1分	sunspot.gg flips.finance
	目前的市場行情，買進的價位是否合理？（愈合理，分數愈高）	□ 5分 □ 4分 □ 3分 □ 2分 □ 1分	
	NFT 目前的流動性，我要賣出可能需要多久時間？（時間愈短，分數愈高）	□ 5分 □ 4分 □ 3分 □ 2分 □ 1分	
	這個項目目前的階段是： □ 種子期 □天使期 □ Pre-A □ A輪 （風險程度愈低，分數愈高）	□ 5分 □ 4分 □ 3分 □ 2分 □ 1分	
	我心中對它的期待和項目階段應有的表現吻合嗎？（吻合程度愈高，分數愈高）	□ 5分 □ 4分 □ 3分 □ 2分 □ 1分	
	總分：＿＿＿＿＿＿＿分		

4.4
用NFT賺錢的
十種方法

大部分的人是標題讀者，但這種理解事實的方法會讓你
錯過真正的機會。新聞標題總是告訴你某個明星、藝
人又靠 NFT 一夜之間賺了千萬，某個網紅買了暴紅的 NFT
輕鬆入袋百萬；你心裡想：我又不是周杰倫，也沒有這麼多
以太幣可以投資。於是，你誤以為 NFT 與你無關，甚至開
始抱怨了起來。

然而，真正的機會是：每個人都有機會靠 NFT 賺錢，
任何東西都可以是 NFT。把精力放在對的地方，你也可以
用 NFT 賺錢。這裡有十種方法，分別是：發行、募資、買賣、
玩遊戲、買幣、訂閱、贈送、質押、內容、職業。

方法 1 發行你的NFT

➤ 適用族群：任何人
➤ 難易度等級：★★★

　　名人、藝人才能發行 NFT 嗎？不是的，任何人都可以發行 NFT。

　　假設你喜歡畫畫，或是家裡有個喜歡隨手塗鴉的小孩，那你一定要認識 FEWOCiOUS（本名 Victor Langlois），他是一名跨性別藝術家，在受虐家庭中成長。13 歲在他的家鄉拉斯維加斯開始創作藝術，17 歲時賣出了他的第一幅畫。剛開始他和許多愛畫畫的人一樣，把作品印成貼紙、明信片，每張只賣 5 美元、10 美元。後來有人告訴他：何不把你的畫變成 NFT 銷售呢？他開始透過一系列成功的 NFT 銷售（見圖 4.4.1），在一年的時間裡收入超過 1,700 萬美元，成功的脫離了原生家庭，搬到他熱愛的西雅圖。2021 年 6 月 25 日，FEWOCiOUS 在佳士得拍賣他的五部作品，詳細描繪了他迄今為止在青少年時期的旅程，總共拍賣了 216 萬 2 千 5 百美元。

　　就算你不會畫畫，也可以利用程式語言來創作。英國一位小工程師班雅明・艾邁德（Benyamin Ahmed）五歲開始學習 HTML 和 CSS，2021 年創作了他的《Minecraft Yee Haa》系列頭像，靈感來自大人和小孩都喜歡的「Minecraft」（我是創世神）遊戲。後來他在 Discord 上遇到了同好的社群成員

▲圖 **4.4.1** FEWOCiOUS 的系列作品（圖片來源：OpenSea）

和導師，從 NFT 項目開發人員獲得一個腳本，艾邁德用這個腳本創作了奇怪的鯨魚系列《Weird Whales》（見圖4.4.2），總共 3,350 條鯨魚圖像在 2021 年 7 月開始販售，9 小時內就全部售完，預售賺進 80 枚 ETH，加上後續 7 個月的版稅收入，大約賺進 180 萬美金。

好吧，假如你不會畫畫也不會寫程式，那麼來自印尼的大學生戈札利・戈札羅（Ghozali Ghozalo）是一個很好的故事。他連續五年每天在電腦前自拍，用 933 張照片記錄了他從 18 ～ 22 歲的自己。2022 年 1 月，他把這些照片上傳到 OpenSea 鑄造成 NFT〈Ghozali Everyday〉（見圖4.4.3），初

始價格並不高，只賣 0.003 ETH。隨著支持者增加，他賣出了自拍照的總交易量，將近400ETH，換算10%的版稅收入，也為他賺進 12 萬美元的收入。

這些成功故事都不是一夕之間得來的，因此，想要發行你的 NFT，最好的策略就是做自己熱愛的事情，並且從現在開始累積你的創作故事。下一章，我將和你分享如何成功發行 NFT 專案，總共分為十個步驟。

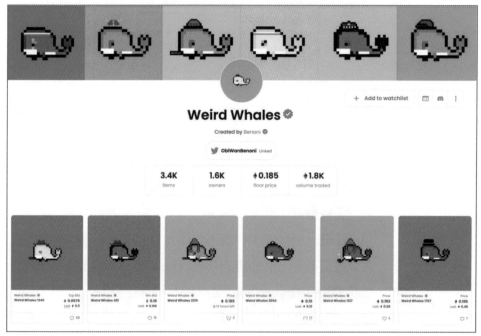

▲圖 4.4.2 《奇怪的鯨魚系列》NFT（圖片來源：OpenSea）

▲ 圖 4.4.3 戈札利的〈Ghozali Everyday〉NFT（圖片來源：OpenSea）

方法2 用NFT計畫募資

➤ **適用族群：創業者**
➤ **難易度等級：★★★★**

在 Web 2.0 的時代，群眾募資已經被普遍運用來為有理想和有目標的人募集早期資金。雖然群眾募資並不是新的東西，但 NFT 卻帶來的新的可能性。以下我用繪本作為案例，說明如何為你的創作計畫募資。

想像一下你是一位插畫家，想要為你的繪本募資，你可以為繪本裡的角色發行 NFT 來募集需要的設計、行銷、通路資金，承諾 NFT 的購買者可以在繪本出版後免費獲得一本電子書。在首波募資之後，你透過 Discord 建立早期支持

者的社群，並且在募資金額超過 300% 時，加碼空投角色寵物的 NFT 給持有者。例如 BAYC 無聊猿的 NFT 項目，就提供寵物狗的 NFT（Bored Ape Kennel Club）給持有者免費鑄造，並且將二次銷售中所獲得的版稅捐贈給慈善機構。

隨著愈來愈多人喜愛你的繪本，你可以成立一個 DAO，讓 NFT 持有者投票提案，決定如何擴展你的 IP 應用。於是有人想要印刷出版的繪本，有動畫師想要幫你把繪本製

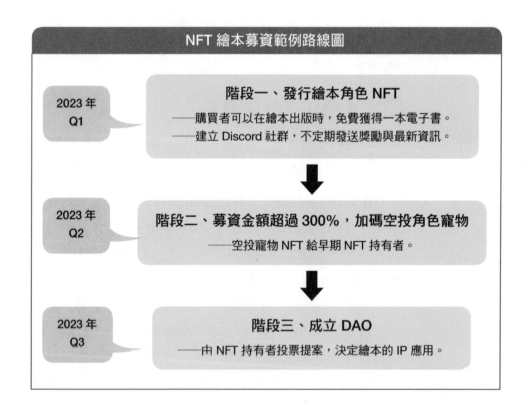

NFT 繪本募資範例路線圖

2023 年 Q1

階段一、發行繪本角色 NFT
——購買者可以在繪本出版時，免費獲得一本電子書。
——建立 Discord 社群，不定期發送獎勵與最新資訊。

2023 年 Q2

階段二、募資金額超過 300%，加碼空投角色寵物
——空投寵物 NFT 給早期 NFT 持有者。

2023 年 Q3

階段三、成立 DAO
——由 NFT 持有者投票提案，決定繪本的 IP 應用。

〈Doodles〉
NFT 商業版權
頁面

作成動畫發行。

接著，你決定把 NFT 的商業版權釋放給 NFT 持有者（掃 QR Code，可以了解 NFT 項目〈Doodles〉如何釋放商業版權），自己持有品牌的版權，於是你的 NFT 價格開始上漲，很多創作者收藏了你的角色，並且創作出動畫、更多的故事繪本，甚至是周邊商品，為 NFT 持有者提高收益。而這些熱絡的 NFT 交易，也透過版稅回饋到你的身上，你持續要做的，就是用品牌的角度，去為 DAO 和持有者創造更大的可能。

而 NFT 募資與傳統募資計畫的差別，在於 NFT 為募資計畫帶來了「流通性」（Liquidity），支持募資計劃的人，可以在買進 NFT 之後用更高價售出，而不只是單純的消費支持，比起傳統的群眾募資只能等待項目方完成計劃時遞送產

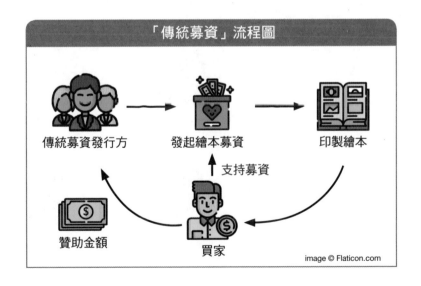

「傳統募資」流程圖

傳統募資發行方　→　發起繪本募資　→　印製繪本

↑ 支持募資

贊助金額　　買家

image © Flaticon.com

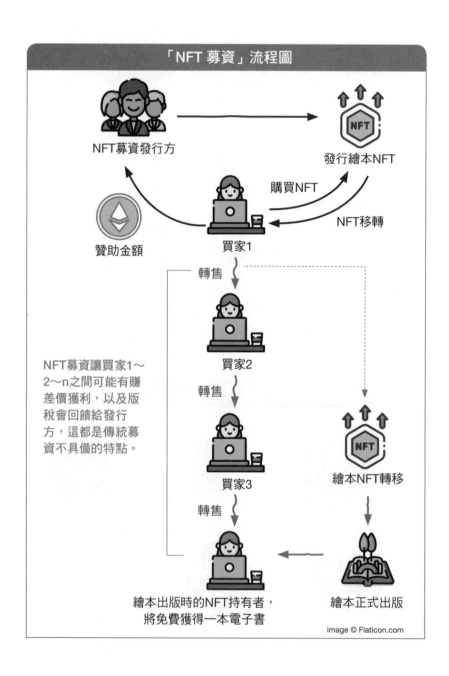

「NFT 募資」流程圖

NFT募資發行方

發行繪本NFT

購買NFT

NFT移轉

贊助金額

買家1

NFT募資讓買家1～
2～n之間可能有賺
差價獲利,以及版
稅會回饋給發行
方,這都是傳統募
資不具備的特點。

轉售

買家2

轉售

買家3

轉售

繪本NFT轉移

繪本正式出版

繪本出版時的NFT持有者,
將免費獲得一本電子書

image © Flaticon.com

品或完成計劃目標，支持者更多了投資回報的期望值，這也為 NFT 的募資計劃帶來更高的願付金額；同時，NFT 持有者也會更主動為項目宣傳。當然，不只繪本，電影、遊戲、音樂專輯、桌遊或是你的包包品牌，都可以用 NFT 來募資，並且建立一個比以往更有持續性與多元收益流的商業模式。

Sharing Box

恐怖驚悚片《寒冬之死》的 NFT 募資案例

First Flights 是一個代幣化的社區驅動電影融資平台，允許電影製作人透過分配代幣和 NFT 獎勵來籌集拍攝電影所需要的資金。電影導演可以透過平台的表單申請，至少準備一頁簡介，讓任何人快速了解主要故事情節；導演也可分享願景，清楚說明為什麼要拍這部電影，同時提供導演簡歷、財務計劃和演員及工作人員安排。經過平台團隊的審核，電影就有機會獲得支持，用 NFT 募資來拍攝電影囉。

First Flights 平台上第一部募資成功的影片是《寒冬之死》（The Dead Of Winter），這是一部恐怖驚悚電影，募資的收益用於製作電影，贊助者則能夠獲得帶有電影名稱的徽章、電影場景郵票、海報、導演手繪腳本和獨家存取權的 NFT。

方法**3** 低買高賣NFT賺價差

➤ 適用族群：手上有一定資金的人
➤ 難易度等級：★★★★

這是大多數人想要藉著 NFT 賺錢的方式，常見的買進時間點有以下幾個。

◆ 買進時間點 1：白名單鑄造階段

白名單（Whitelist）是由項目方在公開發行之前提供的限量資格，通常為早期支持者提供了價格優惠或保證可購買的機會。然而，這項措施同時也會吸引紙手（Paperhand），他們期待更低的進場成本，當公開發售之後就可以最快時間在二級市場賣出獲利。例如 FEWOCiOUS 在 2022 年 4 月推出的〈FEWO WORLD〉項目中，就沒有對外公開的白名單，而是給予之前持有 FEWOCiOUS 作品的 NFT 持有者預先購買的權利，預購的價格是 500 美元，而公開發售的價格則是

NFT 小知識　　**買家如何獲得白名單資格？**

依照不同項目，獲得白名單資格的方法都不同，常見的是轉推項目方的抽獎文、標記好友，以及在 Discord 中踴躍發言以提高等級，或是經常參加粉絲互動或創作內容，以表現對項目的支持和創意。

1,000 美元。

◆ 買進時間點 2：開盲盒階段

　　盲盒通常會搭配 NFT 的稀有度設計，在開盒之前是「人人有機會，個個沒把握」。有些白名單購買者在開盲盒前就會以略高於公售的價格售出，如果開盲盒獲得稀有度高的 NFT，市場價格就會立即衝高。當然，這是賭運氣成份居多，開盲盒之後也常會面臨一波價格的回檔。例如 NFT 遊戲「Pixelmon」的展示項目與圖像的品質相差甚遠，在開盲盒後的一天內，Pixelmon 地板價就跌至 0.3 ETH 以下，比起始價 3 ETH 下跌了 10 倍。

　　也有的項目的視覺品質很好，但存放機制沒有妥善的去中心化設計，造成公平性受到質疑，例如 2021 年 10 月的 NFT 項目「MekaVerse」，在發行前就大受歡迎，然而因為其元數據指向中心化的伺服器，只要伺服器上的程式修改，市場中顯示的圖像以及屬性就會隨之更改。消息一出，地板價格很快的就從 7 ETH 暴跌，截至目前的地板價格是 0.665 ETH。

◆ 買進時間點 3：觀察套利空間

　　前面講到項目的稀有度，可以透過一些工具來查詢到，但並不是每一個 NFT 玩家都會使用，因此可能造成賤賣的現象。你可以在 raritysniffer.com 上方輸入項目的名稱，就

raritysniffer.
com

可以看到每一張 NFT 的稀有度分
數、排名，以及目前在 OpenSea 上
的售價（見圖 4.4.4）。你可以在網站
左邊輸入排名來篩選，並在右邊用
價格低到高來排序，就可以找到排
名高而價格低，相對值得買的 NFT
（見圖 4.4.5）。例如在 10,000 個 NFT
的項目中，稀有度排名第 10 的 NFT

NFT的稀有度
排名

NFT在
OpenSea
上的售價

▲圖 4.4.4 查詢稀有度與
價格排名（圖片來源：
Rarity Sniffer）

Step❶ 在網站左
邊輸入排名篩選

Step❷ 在網站右邊用
價格低到高來排序

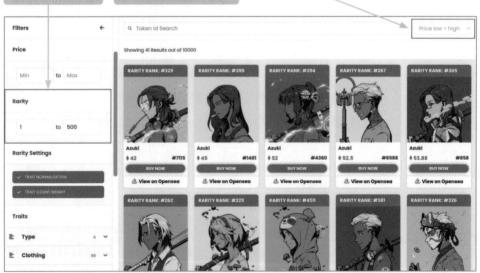

▲圖 4.4.5 找尋有套利空間的 NFT（圖片來源：Rarity Sniffer）

售價是 3 ETH，而持有稀有度第 6 名的 NFT 賣家沒有注意到市場行情或是急於售出，把他的 NFT 以 2 ETH 掛賣，這就會吸引買家和機器人認為有套利空間而快速買進。

◆ 買進時間點 4：消息面追高

NFT 項目進行一段時間之後，成交價通常會維持一段時間的平穩，不上不下的。這時候如果有利多消息公佈，就會吸引一波買氣進場，例如 2022 年 3 月 12 日，無聊猿的設計工作室 Yuga Lab 宣布收購 CryptoPunks 和 Meebits，並且將這兩個 NFT 項目的版權賦予持有者，使得 3 月 11 日及 12 日的成交量，暴增了 20 倍之多，而且有鯨魚大戶進場掃地板價的現象。

至於賣出的時機就看每個人自行設定的停利點不同而異。消息面的策略比較適合短期轉賣，因為在消息面過後也會很快的回檔，如果你打算長期持有，應該要更了解團隊的交付能力，比起在項目還很新的時候冒險搶進，等待更多實際進展時，更能評估項目方的經營能力和社群組成。

NFT 小知識

如何獲得即時大戶交易訊息？

你可以利用 Gem.xyz 平台的 Discord #big sweeps 頻道，獲得即時的大戶交易訊息，追蹤以在自己的伺服器中收到這個頻道的更新。

方法 **4** 玩NFT遊戲賺遊戲幣

➤**適用族群**：任何人
➤**難易度等級**：★★

　　NFT 及區塊鏈的設計，讓玩遊戲賺錢（Play 2 Earn）的想法變得更實際了。以往玩遊戲是花錢又花時間，對許多人來說是個沒有意義的娛樂活動。但在區塊鏈遊戲中，因為數位資產化為 NFT 後可以自由交易，同時遊戲中使用的代幣，可以兌換為加密貨幣，再換成法幣，讓「玩遊戲賺錢」的想法變為可能，目前常見的玩賺模式有下列幾種：

◆ 第一種：獎金制 NFT 遊戲

　　例如區塊鏈賽車遊戲 REVV Racing，玩家可以用很便宜的價錢買進 NFT 賽車（見圖 4.4.6），每次參加比賽時只要支付少許的費用，就可以爭奪錦標賽的名次。和真實世界的賽車一樣，前幾名的玩家都可以獲得比賽獎金 REVV Token。在比賽中獲得獎勵的 REVV 代幣，可以到 Uniswap 去中心化交易所換成 ETH，或是到有上架的中心化交易所兌換成法幣出金。而賽車廠商也可以利用舉辦贊助賽、聯名車來做行銷，提高品牌知名度，同時與玩家建立更深的社群關係。如果你想更了解 REVV Racing 這款遊戲，可以掃右方 QR Code，觀賞我的影片《REVV RACING 區塊鏈賽車｜邊玩邊賺的 5 種方法》。

REVV Racing x KOL Branding 聯名賽車的購買連結

《REVV RAC-ING 區塊鏈賽車》YouTube 影片

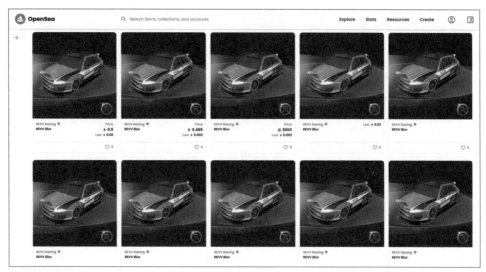

▲**圖 4.4.6** REVV Racing x KOL Branding 聯名賽車（圖片來源：OpenSea）

◆ 第二種：生育制 NFT 遊戲

例如 NFT 怪獸對戰遊戲 Axie Infinity，玩家購買遊戲中的角色 Axie 來組隊進行冒險競技，賺取遊戲中的代幣 SLP，也可以利用兩隻 Axie，並且消耗 SLP 與治理代幣 AXS 來生育新的 Axie。玩家賺錢的方式是在市場上賣出 SLP，或是將生育出來的 Axie 賣給別的玩家來賺取收益。對於沒有這麼多錢購買 Axie 的玩家來說，也可以向別的玩家租用角色，或是為擁有 Axie 的玩家代玩來分享利潤，稱之為「獎學金制（Scholarship）」。

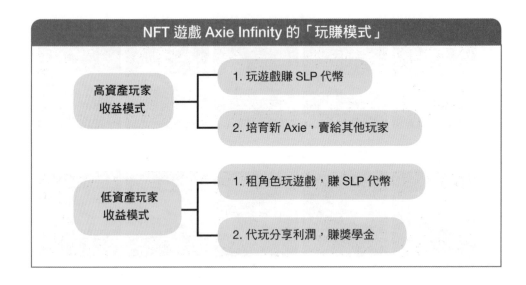

NFT 遊戲 Axie Infinity 的「玩賺模式」

高資產玩家
收益模式
- 1. 玩遊戲賺 SLP 代幣
- 2. 培育新 Axie，賣給其他玩家

低資產玩家
收益模式
- 1. 租角色玩遊戲，賺 SLP 代幣
- 2. 代玩分享利潤，賺獎學金

◆ 第三種：挖礦制 NFT 遊戲

例如韓國遊戲公司娛美德（WEMADE）研發直營的 MMORPG 跨平台遊戲《傳奇 4》（MIR4）。這個遊戲有兩種賺錢方式：一是鑄造黑鐵，轉換成其他遊戲幣或加密貨幣；二是把自己的角色鑄造成 NFT 在市場上販售。玩家基本上是可以免費玩遊戲，只要把角色培育到一定的等級，就可以在遊戲中開採黑鐵，蒐集到一定數量之後再鑄造成 DRACO 幣，進而在去中心化交易所兌換成其他的加密貨幣。

黑鐵在《傳奇 4》裡面，除了可以兌換成加密貨幣之外，在遊戲的發展過程中，也具有強化裝備、提高戰力的功能。在遊戲中要取得黑鐵的方式，有以下三種主要途徑：

- 完成任務：主線的任務、委託任務。

YouTube 影片
《【邊玩邊賺】
Mir4 傳奇 4 挖
礦划算嗎》

- 課金玩家付費購買金幣，跟遊戲裡的商人換取黑鐵。
- 操作玩家角色到遊戲內的礦區採礦，礦區包含秘谷、魔方陣、秘庭峰。

而當玩家等級到達 40 級之後，會解鎖 DRACO 交易所的功能，玩家就可以將擁有的黑鐵鑄造成 DRACO 幣。為了維持遊戲內經濟平衡，《傳奇 4》同時會以玩家、玩賺者、DRACO 持有者三個視野，來運算 DRACO 鑄造的手續費。

整個玩遊戲賺錢的過程是：

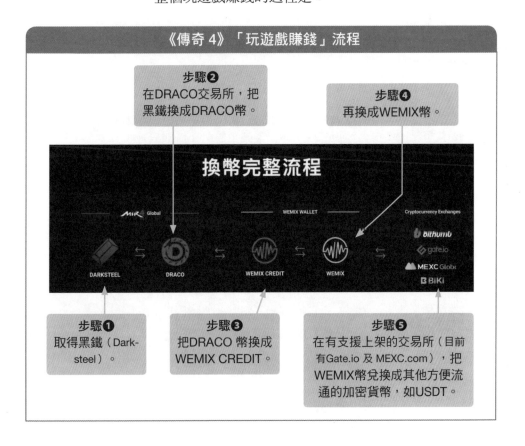

《傳奇 4》「玩遊戲賺錢」流程

步驟 ❷
在 DRACO 交易所，把黑鐵換成 DRACO 幣。

步驟 ❹
再換成 WEMIX 幣。

換幣完整流程

步驟 ❶
取得黑鐵（Darksteel）。

步驟 ❸
把 DRACO 幣換成 WEMIX CREDIT。

步驟 ❺
在有支援上架的交易所（目前有 Gate.io 及 MEXC.com），把 WEMIX 幣兌換成其他方便流通的加密貨幣，如 USDT。

另外，玩家也可以在等級達到 60 級，戰力超過 10 萬時把自己的角色鑄造成 NFT 在市場上販售，讓遊戲帳號買賣不用依賴第三方平台和黑市即可進行，願意付出時間的玩家也能把自己辛苦培養的角色賣出變現。

鑄造 NFT 角色的流程如下：

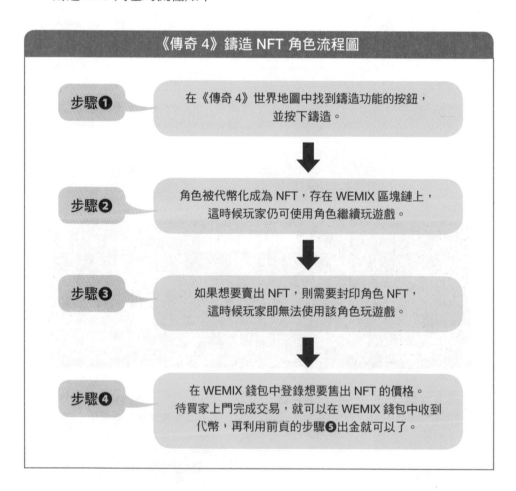

《傳奇 4》鑄造 NFT 角色流程圖

步驟❶ 　在《傳奇 4》世界地圖中找到鑄造功能的按鈕，並按下鑄造。

步驟❷ 　角色被代幣化成為 NFT，存在 WEMIX 區塊鏈上，這時候玩家仍可使用角色繼續玩遊戲。

步驟❸ 　如果想要賣出 NFT，則需要封印角色 NFT，這時候玩家即無法使用該角色玩遊戲。

步驟❹ 　在 WEMIX 錢包中登錄想要售出 NFT 的價格。待買家上門完成交易，就可以在 WEMIX 錢包中收到代幣，再利用前頁的步驟❺出金就可以了。

方法5 投資看好的NFT項目幣

➤ 適用族群：手上有小額資金的人
➤ 難易度等級：★★★

　　有些 NFT 愛好者雖然不擅長玩遊戲拿獎金，或是沒時間邊玩邊賺，也可以靠著對 NFT 項目的判斷力來買賣遊戲代幣獲利。例如前面提到的 MIR4《傳奇4》這款遊戲，除了可以玩遊戲挖礦賺錢，這款區塊鏈遊戲更值得讓人關注的是其背後的 WEMIX 生態系。

　　WEMIX 不只是加密貨幣，更是一個遊戲和區塊鏈共生的生態系，如果今天其他的網路遊戲想要加入區塊鏈的功能，不必自己去建一個公鏈，而是進到 WEMIX 平台就可以讓遊戲上鏈，原本的單機遊戲加入了 WEMIX，就可以變成一個網遊，加入了玩家互動的功能。

　　而 WEMIX 錢包在區塊鏈遊戲中扮演四個關鍵的角色：

1. **交換**：包含了幣跟幣之間的交換，以及幣跟物之間的交換。像前面提到你要用 DRACO 幣換成 WEMIX CREDIT，或是用 DRACO 幣購買 NFT。

2. **轉移**：你想要把遊戲 A 的資產轉移到遊戲 B 上面，也是可行的。在 WEMIX 裡面有很多不同的遊戲，當我們玩《傳奇4》玩到一個階段的時候，你可能覺得這個遊戲我不想玩了，你可以把手上所有的 DRACO 幣都換成 WEMIX CREDIT，然後再去買新

遊戲裡面的其他貨幣跟資產。在其他遊戲裡面你就可以立即變成一個高階玩家，而不是從零開始。

3. 簽名：WEMIX 的願景是成為一個去中心化的遊戲公鏈，從現在開始就必須去建構使用者的習慣和區塊鏈的基礎設施，因此在 WEMIX 錢包裡面你會發現執行交易，你都必須在錢包上簽署。

4. 閘道：WEMIX 上每一個遊戲都是一個私鏈環境，目的是提高它的運算速度。但當你需要去跟外面的公鏈連結的時候，你就需要 WEMIX 錢包作為閘道，扮演幣跟資料之間的交換媒介。

簡單的說，WEMIX 生態系可以提供不同遊戲間的代幣兌換，也可以讓傳統的遊戲廠商快速的進入區塊鏈領域，減少遊戲廠商各自開發所浪費的成本。因此，在 2021 年 8 月份，《傳奇 4》正式公開伺服器時，WEMIX 幣的市價僅 15 塊臺幣，到了 11 月中，WEMIX 的幣價來到 672 塊臺幣的新高，足足漲了 44 倍。即使是不玩遊戲的人，也可以透過交易所來買賣 WEMIX 幣獲利。

不過，就跟投資新創公司一樣，在成長期支撐幣價的不一定是項目實質獲利，而是對未來的期待值。2022 年 1 月 10 日，就傳出 WEMADE 公司大量拋售 5,000 萬枚 WEMIX 幣的消息，造成市場恐慌，持有者紛紛賣出手中持有的 WEMIX 幣，價格一度下跌 30%。隔日 WEMADE 又宣布 WEMIX 幣可在南韓最大加密貨幣交易所 Upbit 買賣，帶動

WEMIX 幣上漲 50%。遊戲幣大起大落，在市場追高的激情過後，都將回歸基本面，想要藉由投資 NFT 項目幣來賺錢的你，一定要做好自己的功課，並且仔細控管風險。而評估 NFT 項目幣的方式，可以參考前一節〈4.3 如何找到有潛力的 NFT 項目〉。

方法6 為你的服務發行訂閱制NFT

➤ 適用族群：提供收費服務為主的企業或個人
➤ 難易度等級：★★★★

　　NFT 也很適合用來連結訂閱制服務，因為 NFT 能把無形服務有形化，將一次性的消費，轉成穩定的經常性收入。服務在購買之前是難以體驗到的，也只有顧客可以直接感受到服務的價值。透過 NFT 將顧客的消費歷程具象化，就是一種顧客口碑的主動分享：我上過這個老師的課、我有這家餐廳的會員，都可以觸及、吸引更多新顧客前來。

　　運用 NFT 連結訂閱和傳統訂閱制還有一個重要的差別，在傳統訂閱的機制裡，通常使用帳號密碼來與個人資料連結，因此權利難以流通，頂多只能給自己的家人、朋友共享，服務是易逝且不能被移轉的。但是在 NFT 訂閱的機制中，因為使用服務的權利與資產連結，顧客在購買之後如果想要轉移，只需要賣出 NFT，就可以交給另一位持有者。甚至，

可能因為服務的供給有限、需求增加，而讓 NFT 的價格上漲。你可以思考如何用 NFT 來維持良好的客戶關係、透過差異化的服務升級來提升顧客終生價值。同時，也可以利用 NFT 的流通性，來接觸到新的潛在客戶。

將訂閱制連結 NFT 的兩大優點

1. 讓訂閱服務更容易移轉，移轉還可能帶來獲利。
2. NFT 能將消費歷程具象化，藉此觸及、吸引更多新顧客。

這裡提供幾個將訂閱制應用在不同行業的可能，來幫助你理解。

訂閱制 NFT 形式	可應用產業	具體做法
限時限量	私人健身教練	每一季可以發行一定數量的 NFT「一對一」訓練護照，在這三個月內持有者可以預約每週一次的訓練課程。發行的時候可以採用差異化定價，愈早購買的價格愈優惠。持有本季 NFT 訓練護照，可以作為下一季的白名單，優先購買下一季的 NFT。

訂閱制 NFT 形式	可應用產業	具體做法
享有優惠	餐飲業	持有者每個月可以獲得一次兩人同行，一人免費的用餐優惠，以及不定期的新菜色試吃空投。讓持有者抱持著「不用白不用」的心態，每個月都固定來消費，同時也可以帶不同的朋友來吃，為店家開拓接觸新客源的機會。藉由社群成員的新菜色試吃，也可以獲得熟客的意見回饋，讓熟客更有參與感。
連結「周期性需求」	美甲、美髮服務（每隔一個週期就會有再次消費需求的產業）	發行年度訂閱的 NFT，顧客每次回來消費的美甲圖案，店家可以製作成獨特的 NFT 空投，指甲上的圖案雖然會消失，卻可以化身為 NFT 收藏永久保存。同時，其他未消費的顧客也可能會看到朋友間分享的 NFT 而來到店家消費。這些空投的 NFT，也可以作為優惠券，讓訂閱的顧客轉售或是轉移給其他朋友來店使用。

以我在 2021 年 12 月發行的〈KOL ZERO NFT〉為例，因為大部分的粉絲只在 YouTube 或是社群媒體上見過我，因此很多人在詢問有沒有實體活動可以參加，於是我們首先規畫了一場年會，並且用我創作的一幅油畫《ZERO》，發行 100 張綠卡作為入場憑證（見圖 4.4.7）。然而，實體活動有場地和人數的限制，而我 50% 的觀眾又在海外，無法親自來臺灣參加年會。為了能夠服務更多人，我便發行了 200 張銀卡（見圖 4.4.8），持有者可以參加每季一次的線上交流活動。另外，還有一些想要創業或是發行自己 NFT 項目的人希望可以和我一對一諮詢，因此我再設計了 50 張金卡（見圖 4.4.9），讓持有者可以在一年之中和我個別諮詢一次，控

▲圖 4.4.7 〈KOL ZERO NFT〉綠卡，持有者可參與實體年會活動，2021 年年會主題是「從零到無限」。

▲圖 4.4.8 〈KOL ZERO NFT〉銀卡，持有者可以參加每一季不定時的線上交流。

▶圖 4.4.9
〈KOL ZERO NFT〉金
卡,持有者一年期間內,
可與本書作者進行線上
一對一諮詢一次。

制總供應量,又可以服務到需要的粉絲。有趣的是,也有聰
明的 NFT 項目方,知道我沒有時間合作 NFT 項目的推廣,
就透過購買金卡來取得一對一洽談的機會,進一步介紹自己
的項目,爭取合作機會,我也很欣賞創業者這種不輕言放棄
的精神和行動力。

方法7 免費贈送你的NFT

➤ 適用族群:自由工作者
➤ 難易度等級:★★

免費?這一章不是要談怎麼用 NFT 賺錢嗎?是的,沒

錯。只要你懂得利用 NFT 智能合約的版稅特性，免費也能賺錢。

　　想像一下，你是一位教線上課程的講師，每一位來上課的同學在報名繳費後，你都會給他們收據。現在，你找了一位你很看好的年輕藝術家來合作，凡是報名你課程的同學，都會免費獲得一張藝術家創作的收據 NFT。這沒什麼，你本來就要給收據。之後這位年輕藝術家在一場畫展之後爆紅，於是這些擁有你的收據 NFT 的學生，開始高價販售你的 NFT，而你已經設定好了 10% 版稅，並且在每筆交易中持續獲得收益。

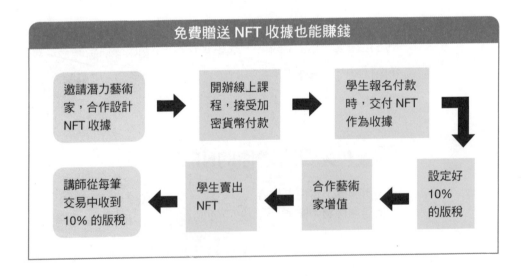

方法**8** 為你的NFT創造被動收入

➤ **適用族群：手上有閒置的 NFT 不想賣出的人**
➤ **難易度等級：★★★★**

　　用 NFT 創造被動收入的方法主要有三種：遊戲型 NFT 質押、音樂 NFT 版權分潤、出租 NFT。

◆ 遊戲型 NFT 質押

　　幣安智能鏈上的 MOBOX 鏈遊，或是 WAX 區塊鏈上的卡牌對戰遊戲 Splinterlands 都具有質押的機制。以 Splinterlands 為例，玩家可以用兩種方式獲得被動收入，一是出租閒置卡牌，獲取每日租金收入（見圖 4.4.10）。二是質押遊戲代幣 SPS。

玩家出租閒置卡牌，獲取每日租金收入。當卡牌列在市場上出租時，玩家將暫時無法使用這張卡牌進行遊戲。

▶ **圖 4.4.10**
出租「Splinterlands」NFT 遊戲的閒置卡牌（圖片來源：Splinterlands 遊戲畫面）

Splinterlands 遊戲會依據過去 365 天玩家獲得的卡片和資產，換算成點數，決定每天可以獲得的 SPS 遊戲代幣空投數量（見圖 4.4.11）。玩家可以將 SPS 質押以獲得畫面中所示 26.05% 的年化報酬率（APR），質押時的 SPS 代幣不能轉移或是賣出，贖回需要等待 4 週解鎖期。不過，由於遊戲幣的波動幅度大，雖然質押的年化報酬率相當吸引人，還是要小心賺了遊戲幣卻賠了換回法幣時的匯差。

玩家可獲得的 SPS 代幣空投數量。

玩家質押 SPS 代幣，可以獲得畫面所示 26.05% 的年化報酬率。

▲圖 4.4.11　質押 Splinterlands 遊戲代幣 SPS
（圖片來源：Splinterlands 遊戲畫面）

royal.io

bandroyalty.
com

◆音樂 NFT 版權分潤

音樂 NFT 的版權發行平台，與你在一般交易平台買到的音樂 NFT 不同，它是由音樂版權單位或創作者本身在智能合約中加入了版權分紅的功能，讓購買音樂 NFT 的人，在這些歌曲透過專輯發行、公播、串流播放時收到的版稅，發回一定的比例給 NFT 的持有者。如此一來，購買音樂 NFT 就像是長期投資這個歌手，只要音樂受歡迎，不必售出你的 NFT 也可以持續獲利。你可以在 royal.io 和 bandroyalty.com 找到這類的音樂 NFT。

◆NFT 出租或借貸

如果你購買的 NFT 是市場搶手的限量項目，很可能有人會想要這些 NFT 的附加功能，但不見得能付這麼多錢來向你購買。這時候你可以選擇把 NFT 質押在去中心化的金融平台來獲得代幣收益，或是出租給別人以收取利息。通常這會透過平台發行的代幣來提供流動性，以代表 NFT 項目在二級市場的交易價格。

例如你想要在實體咖啡廳中的數位畫框內放置無聊猿頭像，來讓你的咖啡廳變得很潮，但是你沒有資金去購買一隻無聊猿頭像時，你可以上 vera.financial 找到一隻正在出租中的無聊猿，並且將它租下來，展示在你的咖啡廳裡。為什麼你需要 vera.financial 這樣的平台？因為 Web 3.0 的使用者是匿名的，如果錢包主人沒有揭露自己的身份和聯絡方式，你

並不容易找到 NFT 的持有者。而就算你找到了，透過社群或 email 聯絡後，交付租金和取得 NFT 也有信任風險，付錢後該如何取得 NFT？授權使用 NFT 會不會被盜取資產？你該不會想要右鍵另存圖片來使用 NFT 吧。

希望購買或出售 NFT 的投資者，也可以直接在這些平台上購買質押代幣來賺取價差，或利用從代幣及其抵押品在二級市場的價格波動中套利。需要注意的是，在外部平台質押或出租你的 NFT，一定要看清楚授權的時間及範圍，以免面臨需要流動性時無法贖回的困境。想要了解 NFT 質押、出租或借貸，你可以到 nftx.io 或是 vera.financial 了解詳細的使用方式。

vera.financial

方法9 製作NFT內容賺取廣告收入

➤ 適用族群：內容創作者
➤ 難易度等級：★★★

NFT 項目從 2021 年 10 月開始大量的出現，由於這些項目的團隊大多數都很小，又想在短期內獲得市場的關注，通常他們會編列一定的行銷預算來推廣項目的知名度。隨著整個市場規模的成長，個別項目的交易量創新高，後起的項目也會按照這個目標擴大行銷預算，而其中又以跟意見領袖（KOL）的合作為大宗。

因此，如果你不想要自己去買賣或發行 NFT，仍然可以透過製作 NFT 與加密產業相關的內容來獲得市場的注意力。製作內容的形式，基本上可以分為文章、懶人包簡報、影音三種，其實各有適合的觀眾，你只要選擇自己擅長的來呈現即可。三種內容形式各自適合的社群平台，整理如下表。

製作 NFT 內容的形式	主要平台媒介	優點
文章	Medium、Wordpress 網站	用網誌的形式方便關鍵字搜尋。
懶人包簡報	Instagram	簡潔的輪播圖片能夠吸引觀眾閱讀、收藏，再利用個人檔案的連結來導向你的 Linktree 做受眾分流。
影音	YouTube	廣告主投放最多廣告預算的地方，且能提供清楚的視覺，同時也滿足了搜尋和解答疑惑的需求。
	TikTok	製作快速、吸引爆發性流量的內容，可以觸及到其他平台上的非訂閱者。

當你在市場上有一定的影響力時，就會有項目方主動來與你洽談合作。當然，這需要一段時間的經營，在初期，你也可以利用推薦連結（Referral Link）來獲得被動收入，比如加密貨幣交易所的推薦連結，就可以提供交易的返佣給推薦者，有些也可以設定給被推薦人的佣金優惠。只要你製作的內容對加密貨幣新手和 NFT 愛好者是有用的內容，觀眾也

會很願意支持你繼續創作，使用你的推薦連結來註冊網站，以下我們使用臺灣的 ACE 交易所作為範例，來說明如何利用推薦連結獲得被動收入。

步驟❸
點擊「邀請返佣」。

步驟❶
登入 ACE 交易所。

步驟❷
按下個人選單。

（圖片來源：ACE王牌虛擬貨幣交易所）

步驟❹
點擊「邀請連結」。

步驟❺
分享你的推薦連結或
QR Code。

　　總之，製作內容一方面可以幫助你自己更深入的做功課，去了解 NFT 的各個項目和趨勢。二方面也有機會獲得品牌合作廣告投放，是藉著 NFT 市場成長趨勢賺錢的務實方法。

方法 **10** 發揮你的職業專長投入NFT行業

➤ **適用族群**：任何人
➤ **難易度等級**：★★★

　　隨著 NFT 和元宇宙的興起，很多的新創公司也投入 NFT 的領域，同時，也有一些傳統產業想要發行 NFT，數位行銷公司開始在思考如何為項目方廣告行銷。由於這個產業涉及的領域很廣，發展也還很早期，因此產生了很多新的人才缺口，像是：

◆ 區塊鏈工程師

　　目前的 NFT 市場仍然以以太坊為主流，應用也最多最成熟。對於一般創作者來說，利用前面我們所介紹的 NFT 鑄造平台或許已經可以滿足部分的需求。由於還有許多的公鏈興起，每一個鏈也都有自己的特色和應用場景，因此客製化 NFT 的智能合約、網站建設，以及驗證和應用程式，都還有許多待工程師開發的需求。

◆ 商業模式企劃人員

　　NFT 正在改變市場交易的習慣，和人類的消費模式。而發行、收藏、交易數位藝術品只是開端，還有很多應用在產業的可能性等待開發。因此，NFT 的企劃人員必須更深入了解產業的價值鏈和顧客體驗流程，並且熟悉 NFT 的發

行與區塊鏈行業的發展趨勢，才能將兩方完整的接合，創造新的商業模式。

◆ 社群經營人員

社群經營仍然是現在接觸到 NFT 潛在客戶的重要媒介，而 NFT 的社群經營首重 Twitter 與 Discord，這兩個平台以往在臺灣反而是較容易被忽視的。因此，如果現在想要結合社群經營的專業投入 NFT 市場，對於 Twitter 和 Discord 的工具操作和溝通方式都必須有更進一步的認識。

◆ 多語言文案人員

NFT 市場因為是原生在區塊鏈上，比起 Web 2.0 的消費網路，它更沒有國界、金流、物流的限制。而且透過頭像的社交連結，也比以往更容易打破語言和文化的隔閡。相對的，想要經營 NFT 產業也要更具有「全球是一個社群」的觀點，才能擴大市場的影響力。

掌握人才需求的缺口，發揮你的專長，利用 NFT 賺錢的機會很多，絕對不是只有炒作、投機一途。希望你也能把握這個快速成長的機會，加速累積你的財富。

4.5
成功發行NFT專案的十個步驟

購買和發行 NFT 專案其實不難，困難的是如何「成功」發行？首先要定義，對你來說成功是什麼？是發行一個 10K 專案（指 1 萬個頭像組成的 NFT 項目），在第一分鐘就售罄嗎？是創下世界紀錄的銷售額？還是獲得一群忠實支持你的擁有者？

事實上，在發行 NFT 專案的時候，我思考的「成功」是如何帶給持有者價值，而不是帶來多少收益。你對於項目的定位會決定你吸引到什麼樣的群眾。無論你想要達成什麼樣的成功，以下十個步驟都是你必經的過程，需要審慎的規畫。

Step 1 了解市場現況

　　市場永遠是對的，在發行之前，你應該先觀察整體市場的變化，找出你心目中認為成功的專案。記住，千萬不要用一發行就售完作為標準，一些經典項目都是在發行之後的一個月、甚至兩三個月之後，展現了團隊的經營能力，實現了路線圖之後，才陸續賣完。

　　在我看來，目前的 NFT 市場具有以下特點：

◆ 提供購買者相對賦能

　　從 2021 年的 NFT 成交量排行來看，前 20 名的頭像型 NFT 項目（見下頁表格），都不只是單純的收藏品，而附加

Sharing Box

臺灣的頭像型 NFT〈Demi-Human〉

　　臺灣的 Demi-Human 頭像型 NFT，在 2021 年 10 月公開之後，中間經歷了白名單和公開銷售階段還沒有賣完。原本計劃公售後兩週若沒有售罄的 DemiPass 會擇期燒毀，然而在早期參與者的投票後，決定保留所有的 DemiPass，並由社群繼續合力推廣，我也在同年 11 月 18 日的 YouTube 介紹了這個項目，後續項目方也在 Discord 舉辦演講、邀請名人、藝人進駐，以及提供新手 NFT 購買教學。團結的社群氣氛除了讓持有者增加認購，也吸引了更多喜歡的 NFT 新手加入。Demi-Human 最終在 2021 年 12 月完售總數 10,000 個的 NFT，並且持續連結社群成員提供產業優惠，以及其他項目的白名單，在臺灣 NFT 領域持續活躍中。

2021 年頭像型 NFT 交易量及賦能整理（不分區塊鏈）			
排名	項目名稱	交易量 (單位：百萬美元)	賦能（不一定已實現）
1	CryptoPunks	1798	無；2022 年 BAYC 收購後開放商業授權。
2	Bored Ape Yacht Club	1573	空投商業授權。
3	CloneX	258	空投及部分商業授權。
4	Meebits	247	無；2022 年 BAYC 收購後開放商業授權。
5	Cool Cats	200	空投及非獨家授權。
6	CyberKongz	200	遊戲化及代幣發行。
7	CrypToadz	181	無。
8	MetaHero/Punks Comics	177	NFT 空投及數位漫畫。
9	MekaVerse	160	NFT 空投。
10	0N1 Force	149	商業授權及漫畫。
11	Pudgy Penguins	140	實體玩具、空投代幣。
12	Doodles	125	社區金庫和提案管理權
13	Degenerate Ape Academy	115	DAO 的管理參與權。
14	Solana Monkey Business	112	DAO 的參與權與自有節點。
15	VeeFriends	105	實體活動、禮物、互動體驗。
16	Creature Word	102	未確定。
17	World of Women	86	享有投資、版稅分潤權利。
18	The Doge Pound	83	免費鑄造、優先白名單。
19	Aurory	77	遊戲角色、賺取代幣。
20	Lazy Lions	69	社群基金、空投。

資料來源：作者整理

了相對的賦能，例如進入社群專屬頻道、商業使用授權、不定時的空投福利……等。在 2021 年的 NFT 市場初升段，這些由項目方賦予 NFT 的效用（utilities）頗具新鮮感和吸引力，但現在看來已經變成是項目的基本配備。

◆NFT 具備創新、實驗性質

具有創新、實驗性質的 NFT 項目，也是能夠快速吸引市場注意力的成功要素之一。例如數位藝術家 PAK 的〈Merge〉採用「漸進式拍賣」方式，價格每六小時上漲 25 塊美金。作品中每一個單位稱之為「Mass」，Mass 可以融合為 Merge NFT，Merge 則隨著大小呈現出不同的顏色。同時，Mass 也可以兌換為 PAK 的其他 NFT，並且燒燬成為「ASH」代幣，提高 Mass 的稀缺性和 ASH 的內含價值。ASH 代幣的持有者，可以在下一次 PAK 發行新的 NFT 項目時，獲得優先或優惠權利，購買更多的 PAK 作品，讓

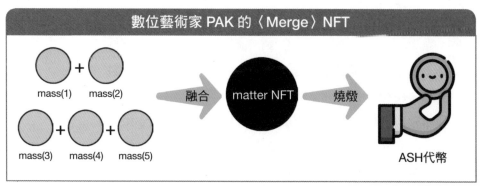

數位藝術家 PAK 的〈Merge〉NFT

mass(1) + mass(2)

mass(3) + mass(4) + mass(5)

融合 → matter NFT → 燒燬 → ASH代幣

image © Flaticon.com

NFT 就像一個永無止境的遊戲！

　　動漫 NFT 項目 Azuki 則是運用了技術創新，開發出「ERC 721A 智能合約」，讓購買者在同時鑄造多個 NFT 時，和鑄造一個 NFT 的 Gas Fee 相同。當然，這節省了購買者的成本，而相較於節省成本，我認為更大的意義是建立了一個新的標準，和市場對 Azuki 團隊的信心。

◆ 發行者提供的價值，要高於 NFT 的價格

　　由於市場變化得很快，即使是今日看來成功的專案，下一秒就有可能被市場遺忘，甚至因為駭客入侵、社群成員反目、項目方經營不善，造成項目崩跌。因此我還是強調，想要發行 NFT 項目的人，要清楚自己想要透過 NFT 達成的目標，以及傳遞給消費者的價值，才能夠在多變的市場中，維持不變的成功。

　　對我來說，真正的成功是快樂，這包含了持有者的快樂和我自己的快樂。我的快樂來自於每天可以做自己喜歡的事，那麼過程中所賺到的金錢、名聲，都是附加的價值。我喜歡「過程」，大於物質上的享受。這也是為什麼我在發行〈KOL NFT〉時，選擇自己繪畫創作，而不是花錢找外包的設計師，用程式合成圖像的 NFT。

　　我希望自己贏的同時，也要讓社群裡的每個人贏。這是為什麼我的講座一小時可以收費 4 萬臺幣，而〈KOL NFT〉的金卡持有者卻只要花 20 個 FLOW 幣（發行時約當臺

幣 6,000 元）就可以獲得同樣的諮詢權利。當大家都知道自己花錢買了什麼，肯定他們在你的 NFT 裡獲得的價值高於價格，對我來說那就是成功。

Step 2 結合自己的專長

NFT 是結合技術、媒體和社群經營元素的技術，然而，並不是每個人都會寫程式，都能畫圖，都擅長經營社群平台，那該怎麼辦？在前一章我們分享了 13 歲的 FEWO-CiOUS 用 iPad 創作，從明信片、貼紙開始，進入 NFT，甚至是後來的佳士得。還有 12 歲的班雅明‧艾邁德運用他從社群學到的程式碼發行了《Weird Whales》的 NFT 系列，在

Sharing Box

園藝也能結合 NFT

假如你很喜歡在花園裡種植花草，即使有些很難照顧的品種，一般人在家養不活，但在你的精心照料下，都能夠長得健康、美麗。或許你可以把這些植物從種子到開花、結果，每天的成長過程記錄下來，每天發行一張NFT，讓有興趣的人每天來觀賞你的項目、收藏你的NFT，在開花結果的那一天，收集了完整成長過程NFT的人，可以兌換這一盆你精心照顧的植栽（雖然我相信大家還是會希望由你來代為照顧）。這就是將自己的專長結合NFT的一種應用。

7 個月內賺進 180 萬美元。以及印尼大學生戈札利・戈札羅把他 18~22 歲時每天坐在電腦桌前的自拍照，上傳到 open-sea.io。不會畫畫、一行程式碼也不用寫，也可以在 NFT 領域獲得成功。

他們的共同點就是將 NFT 結合自己的專長。我喜歡什麼？我擅長什麼？什麼東西是我有但別人沒有的？這些問題會帶領你開創出具有特色，而且可以長期經營的 NFT 項目。

Step 3 附加功能和誘因

如同前面所說，提供持有者 NFT 附加功能已經是現階段項目的基本配備。而如何吸引不同的受眾，提供符合他們需求的 NFT 功能，就成為現階段發行 NFT 必須深度思考的課題。然而，附加功能其實也為 NFT 下了定錨，消費者有可能拿來和市值做比較，決定售價是否合理。

常見的 NFT 附加功能是提供持有者才可進入的專屬頻道，例如讓 NFT 持有者在 Discord 擁有不同的身分組，而不同等級的身份會有不同的權限，藉此提高群組對話的品質，也增加持有者對項目的認同感。相對的，NFT 的附加功能也可以延伸出各項目間交互合作，讓持有者有機會優先獲得其他新項目的白名單。例如當你持有 CloneX 與村上隆聯名系列中，具有 Murakami Drip 屬性的 NFT（見圖 4.5.1），

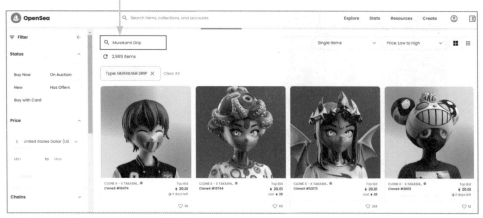

進入CloneX的OpenSea網頁，在搜尋欄鍵入Murakami Drip，就能找到具有該屬性的NFT。

▲圖 4.5.1 具有 Murakami Drip 屬性的 NFT。（圖片來源：OpenSea）

就能擁有鑄造村上隆〈Murakami.Flower Seed〉NFT 的白名單。而 Murakami Drip 屬性則是依據 CloneX 中不同的虛擬角色種族，有 10 ～ 15% 的機會可以獲得該屬性。

◆ 角色型 NFT：賦予持有者商業使用權

NFT 頭像的使用授權，是角色型 NFT 充滿想像空間的附加價值。例如無聊猿（BAYC）系列賦予 NFT 持有者權利，可以商業使用自己持有的 NFT 角色，因此 Adidas 購入自己的無聊猿，並創作一系列的服裝和 NFT〈Adidas Original: Into the Metaverse〉（圖 4.5.2 是我擁有的〈Into the Metaverse〉

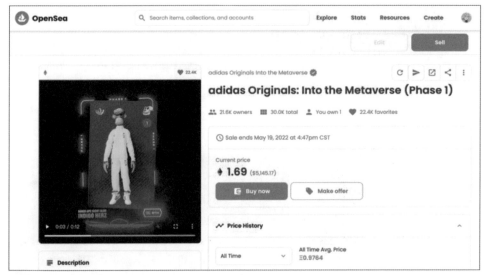

▲圖 4.5.2 〈Adidas Original: Into the Metaverse〉NFT（圖片來源：OpenSea）

NFT）；還有四位 BAYC 持有者與環球唱片簽約，組成 Kingship 樂團，環球唱片甚至還買下了 Bored Ape #5537 成為樂團經理。而每一位持有者也可以運用自己持有的 IP 來製作周邊商品或實體版畫，創造相對的商業利益。

◆ 投資、幣圈性質強烈的 NFT：提供抽獎或分紅

若是屬於投資、幣圈性質較強烈的 NFT 項目，也可以利用不定期的抽獎，或是社區錢包的投資報酬，將項目收益回饋給持有者。例如臺灣的〈Superstar_Tiger〉NFT 推出總量 4,888 張的幸運忍者捲軸 NFT，在盲盒階段可以參與總獎金 180 ETH 的抽獎活動（掃右方 QR Code，可以看項目方設計的

忍者卷軸 NFT
抽獎活動

詳細抽獎辦法）。不過要注意的是，利用抽獎或分紅作為誘因，吸引到的持有者是以獲得報酬作為參與目的，在賺錢的時候可能皆大歡喜，在熊市的時候就可能引起社群的不滿意見。同時，目前法規還未成熟，未來也要注意是否有將 NFT 證券化的疑慮。

◆ 企業、個人品牌 NFT：活化社群

　　企業品牌也可以用 NFT 來結合會員機制，連結客戶關係，但如果只是讓持有者獲得消費優惠，那麼 NFT 其實只是變相的折價券，對於持有者來說並不是什麼很大的誘因，甚至業者本身也還沒有導入 NFT 的驗證機制，大可採用原有的數位會員卡即可，不必勞師動眾。

　　品牌和創業者想要利用 NFT 加入行業的附加功能，還是要多了解區塊鏈的特性之後，讓 NFT 發揮它獨有的特性。例如百威啤酒在 2021 年 11 月發行的百威宇宙瓶〈Budverse Cans - Heritage Edition〉NFT，結合了百威品牌歷史上的經典照片、廣告和設計，並且事先鑄造以減少購買者的氣費成本，購買者在挑選時就潛移默化地加深了對品牌的認識，未來也可以享有百威提供的元宇宙獨家體驗，以及百威多年來累積的品牌價值。另一個用 NFT 活化品牌的實際案例，則是臺灣歌手阿妹。

歌手阿妹透過〈ASMeiR NFT〉活化社群

張惠妹2022年4月舉行演唱會時，在13萬張門票售罄後，宣布所有購買門票的粉絲都可以免費獲得NFT。阿妹已經不需要透過 NFT 來促銷她的演唱會門票，但是透過NFT可以活化她與社群之間的聯繫。〈ASMeiR NFT〉在 Tezos 區塊鏈和akaSwap上鑄造，akaSwap 正是臺灣的 NFT 交易平台。如你所知，Tezos 以其低氣費和節能聞名，每個品牌和名人在啟動他們的 NFT 項目時都應該關注這些公共利益。

此外，阿妹的網站提供了ASMR體驗，用戶可以選擇他們喜歡的ASMR音效，就像任何心理測驗一樣，你會知道自己是哪種類型。有趣的是，在測驗結束時，你會得到一個看起來就像NFT的 JPEG 檔案供下載，讓無法鑄造NFT的粉絲仍然可以有收穫，他們仍然可以通過社交媒體傳播阿妹的頭像。

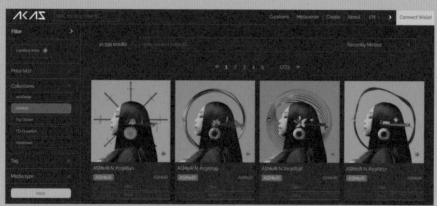

▲圖 4.5.3　臺灣歌手阿妹〈ASMeiR NFT〉（圖片來源：akaSwap 平台）

Step4 擬定項目路線圖（Roadmap）

從無聊猿專案後，項目路線圖幾乎成為 NFT 項目的標準配備，雖然說路線圖並不能向購買者保證什麼，但是可以塑造一個發行初期的願景，吸引參與者了解 NFT 項目的理念和未來的發展潛力。對於已公開的項目，則是可以作為評估營運團隊實現能力的參考。

路線圖的呈現方式大致有以下幾種：

- **按時間軸劃分**：根據發行前、後的時間，制定短、中、長的規畫，通常以季為單位。
- **按銷售比例**：當銷售數量達到一定比例，才會實現後續的加值內容，例如空投、發幣、進入元宇宙等。
- **開放部分路線**：運用去中心化自組織（DAO）概念，讓 NFT 持有者社群投票決議前進方向和資金運用方式。
- **邊執行邊公告**：項目一開始僅公開 NFT 的願景和功能，在公開發售之後，隨著實際執行的情況公告即將實現的時間點。這個方式保留了執行團隊的彈性，需要持有者對團隊更高的耐心和信任。

以 Demi-Human 的路線圖為例，團隊是按銷售比例呈現，在專案發售前先預告購買者，當總銷量達到 25% 時，將解鎖 2 個傳奇等級的 NFT（見圖 4.5.4），分別是 Blue Flash

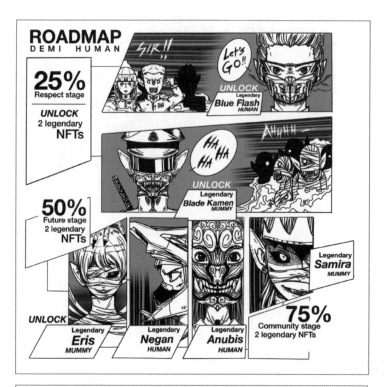

◀圖 4.5.4
「Demi-Human」
NFT 路線圖（銷售
25～75%）（圖片來源：
demiversestudio）

◀圖 4.5.5
「Demi-Human」
NFT 路線圖（100%
完售）（圖片來源：
demiversestudio）

和 Blad Kamen。當銷售達 50% 和 75% 時，也會各增加解鎖 2 個傳奇等級的 NFT。而在項目 100% 銷售完畢時，除了解鎖最後 2 個傳奇等級的角色，另外會解鎖 DemiHuman 的漫畫，以及捐贈 5 ETH 給慈善機構（見圖 4.5.5），捐贈單位並由 NFT 的持有者共同參與投票選擇。

Step 5 選擇適合的區塊鏈

在〈4.1 如何購買 NFT〉和〈4.2 如何發行 NFT〉，我們已經談過幾次區塊鏈的特性。想要成功的發行 NFT 專案，當然要對這些區塊鏈更加熟悉，更要從友善 NFT 消費者的角度來選擇適合的區塊鏈。在不同的區塊鏈上，社群各有偏好的作品類型，例如：

◆以太坊：適合頭像型、社交型 NFT

在以太坊上目前最受歡迎的還是頭像型的 NFT，由於以太坊的 NFT 發展歷程最久，各種應用也最為成熟，頭像型的 NFT 具有高度的個人識別意義，早期的區塊鏈參與者、鯨魚大戶、名人多喜歡在以太坊上透過收藏頭像來建立自己的階級地位。

◆Tezos：重視綠能永續、新銳藝術家

藝術家在創作的時候，相對重視作品想要傳達的價值觀和理念。對於生命、環境、資本主義的議題探討，也會反映在作品表現的媒材選擇和展示方式上。Tezos 區塊鏈因為綠能環保、低交易成本的定位，塑造了一群喜愛收藏 1：1 藝術作品的買家，相對的也較適合新銳藝術家作為個人策展與發行。

◆Solana：未來科幻風格、遊戲道具 NFT

2021 年第二季 NFT 市場大幅成長，也使得以太坊的氣費居高不下，Solana 就在這個時候承載了期待，以更高的交易速度、更低的交易成本獲得爆發性的成長。起初，大量的劣質、仿冒項目在 Solana 鏈上出現，使得 Solana 鏈上的 NFT 評價不佳。但從 2022 年第一季開始，也許是為了走出一條和以太坊市場不同的路，或是善用 Solana 的特性，開始有一些頗具特色的項目出現，且快速的登上交易量的前幾名，像是一開始就走 3D 外形建模的 NFT〈Degenerate Ape Academy〉，日系寵物遊戲的〈Aurory〉，以及元宇宙空間的〈Portal〉，都是在既有的 NFT 題目上創新。

目前 Solana 鏈上的新交易平台 Magic Eden，開始採用實名認證與事先申請的發行機制，一些優秀的數位創作者也陸續在 Solana 上發行了優質的內容。依據目前的觀察，我認為風格近未來科幻、需要經常做數據處理的遊戲道具，以

及元宇宙空間的項目，在 Solana 上是較為聚焦的發展趨勢。

◆Flow 區塊鏈：降低進入門檻、運動體育 IP

　　對於非幣圈人士來說，要申請加密貨幣錢包，寫下助記詞，購買加密貨幣，支付 Gas Fee……，每一個動作都是全新的體驗，說是體驗，更可能是進入 NFT 世界的障礙。因此，考量這些條件，也許你會選擇 Flow 區塊鏈來發行，並使用 Blocto 錢包，讓使用者只要會使用電子郵件和手機 APP，就可以一站式登入，買幣，交易 NFT。或是你也可以選擇支援多條區塊鏈的平台，使用友善的介面來降低 NFT 新手買家的進入門檻。

Step 6 選擇發行平台

如果你不是先選擇好特定一條區塊鏈，而是從選擇發行平台入手，在臺灣有以下幾個較知名的平台可以選擇。

臺灣的 NFT 發行平台	特色	案例
OurSong	支援以太坊、BNB 智能鏈、ThunderCore（TT 鏈），並使用自家的 OSD 作為主要貨幣。同時可選擇 APP 內結帳、信用卡或是 Paypal 付款。2022 年 2 月，OurSong 宣布了美國 R&B 歌手 John Legend 擔任 OurSong 的「影響力長」（Chief Impact Officer），強化品牌定位及進軍國際的布局。	2021 年師園鹽酥雞 NFT。
JCard	採合作申請制，目前是在 BNB 智能鏈上發行。	2021 年朱銘美術館、霹靂布袋戲 NFT。
Fansi	聚焦在音樂 NFT 的發行平台，目前發行在以太坊上，有 ERC-721 和 ERC-1155 標準協議兩種可選擇（關於這兩個標準協議，我將在 p.196 詳細說明）。	2021 年 Fansi 與美秀集團合作舉辦全球第一個結合 NFT 與全息演唱會的作品。2022 年張雨生未公開的母帶「樂界」NFT。
akaSwap	Tezos 鏈上的交易平台、以臺灣創作者為大宗。創作者可以自由上架，也可以和平台合作策展。akaSwap 並提供創作者和行銷者、藝廊合作的分潤設定，讓創作者不用單打獨鬥，也可以充分發揮智能合約的功能，將多方合作的信任，透過機器共識來維持長期的穩定運作。	2021 年臺灣創作者阿亂與藝術家川貝母合作元宇宙生肖傳奇（Tez Dozen）NFT。2022 年歌手張惠妹「ASMeiR NFT」。

如果你已經選好了想要部署的區塊鏈，以下是選擇發行平台時要考慮的幾個重點：

◆ 發行平台的創作者審核機制

foundation.
app

在以太坊上的平台，還有像是 foundation.app 平台是用社群創作者邀請碼邀請加入的方式，或是 niftygateway.com 平台使用申請後審核的機制，確保社群和作品的品質。愈開放的平台作品和流量通常較大，但缺點也就是作品的水準參差不齊，沒有知名度的項目較難以被看見。

niftygateway.
com

在其他區塊鏈上選擇平台也是一樣的道理，例如你可以在 Solana 鏈上找到可以開放所有人鑄造的 solsea.io 交易平台，但 Solana 上目前最受歡迎的交易平台是 Magic Eden，你需要通過申請才能在 Magic Eden 發行你的 NFT 項目。

如果你是專職的創作者，可以多加入相關社群，利用作品和共同的興趣語言交流，互相幫忙，就有機會被推薦到適合自己的平台，才能提高發行的成功率。

◆ 發行平台是否提供附加價值

kalao.io

在 Avalanche 鏈上我較推薦使用的發行平台是 kalao.io，除了開放鑄造功能外，獲得認證的 NFT 項目可以利用 VR 的藝廊展出，未來也有很多創新的應用場景，像是支援實體活動的票券驗證、數位電商、法幣及多鏈支援、藝術策展⋯⋯等。另一個 Avalanche 鏈上的申請制平台是 nftstar.

nftstar.com

com，與 kalao.io 相對的，它則是有手機的 AR 藝廊功能，可以在擴增實境的環境下觀賞 NFT 作品。

因此，選擇發行平台已經不只是鑄造、交易這麼簡單而已，更要注重平台未來的成長潛力，為自己的作品爭取更多的應用場景和附加價值。

發行在區塊鏈上的 NFT，幾個主要交易平台都會同時露出，例如你在 opensea.io 上鑄造的 NFT，在 Rarible 和 LooksRare 平台上也都可以找到。因此你要選擇的平台就是主場，也就是在哪裡策展。當然，你也可以選擇設置一個官網，透過智能合約來鑄造，但我想本書主要的讀者都不是程式開發人員，因此此處只列出大部分使用者都可以鑄造的平台來說明。

NFT 小知識

什麼是「ERC-721」和「ERC-1155」標準協議

在以太坊上的非同質化代幣協議是 ERC-721，這種類型的代幣是獨一無二的，在創建 ERC-721 代幣時，需要各自獨立的智能合約。而透過 ERC-1155 則可以節省以太坊的資源，一次傳輸多種同類型的代幣，例如你利用 NFT 發行總共 10,000 張唱片，如果每一張唱片都是一樣的，你並不需要個別鑄造 10,000 張獨一無二的 ERC-721 專輯。相對的，你可以使用 ERC-1155，一次發行 10,000 張唱片。並使用「環保鑄造」（Lazy Minting）來降低 Gas Fee 的負擔，也就是讓創建者在創建 NFT 的時候，先不用支付 Gas Fee，等到 NFT 在鏈上被購買，或者轉讓給他人的時候，才需要支付 Gas Fee。

Step 7 經營社群

在高喊 Web 2.0 進入 Web 3.0 的轉捩點，社群仍是成功發行 NFT 專案的最大關鍵。而社群媒體也是最考驗團隊創意和耐力的地方。隨著不同目標族群的年齡、地理、職業、興趣……，他們使用社群媒體的行為也大不相同，唯一的方法是盡可能的學習各個平台的溝通和使用方式，持續發布內容與目標族群互動。在這裡我們舉幾個 NFT 領域常用的社群媒體做說明。

◆ 如何經營 Twitter

Twitter 在臺灣雖然不是大多數人常用的社群媒體，但在歐美的 NFT 領域則是主流的社交平台。Twitter 的特性是簡短、隨性、互動和轉推的行為頻繁，因此在 Twitter 上除了以自己的帳號發文之外，**更重要的是藉由留言來和其他人聊天、討論**。當然，也有很多的 NFT 宣傳帳號會購買廣告來達到快速成長的目的，或是用轉推並標示三個好友以獲得抽獎資格來吸引新的追蹤者。不過這類的方式並無法吸引忠誠的粉絲，在抽獎結束後往往會快速的掉粉。因此，持續經營有意義的互動和投放廣告需要互相搭配，來維持追蹤者健康的成長。

◆ 如何經營 Discord

NFT 項目將受眾導引到 Discord 當中，可以高頻率的發布相關性高的內容，作為客戶服務、更新訊息的公布欄。同時，Discord 也可以做到受眾的細分，例如在 Discord 內建立不同語系的頻道，讓各國的購買者都可以順暢的聊天；或是建立不同興趣的頻道，例如在 NFT 項目內同時可以討論動漫、電玩、加密貨幣投資……。也由於 Discord 是可以置入開發者的應用程式，所以很適合運用 NFT 來驗證社群成員的身份，給予不同的權限，提高持有者的成就感和優越感。

◆ 如何經營 LinkedIn

團隊是提高 NFT 項目信任感的重要因素，因此團隊成員若不是匿名，最能夠展現專業度的平台就是 LinkedIn。你可以將核心成員的重要經歷和業界人脈展現在 LinkedIn 上，能夠幫助有意想要參與項目的人，從團隊的能力和以往的經營成果中，建立對新項目的信心。甚至也可以吸引到其他策略聯盟的資源，例如區塊鏈生態圈、創投、意見領袖等等。

其他社群媒體不勝枚舉，像是 FB、IG、Youtube、Tik-Tok……等等，也都各有其重要性和運用方式。重點是你如何從無到有的建立屬於自己的社群，這是現在每一個藝術家都要學習的技能。在這裡我用消費者心理過程的「AIDA 四

階段」來幫助你更快的了解，如何透過社群媒體的內容讓你的 NFT 項目成功：

Attention：獲得市場的注意力

注意力就是錢，再好的 NFT 項目，沒有人知道也賣不出去。因此發行 NFT 的第一步就是要獲得市場的注意力。首先，建立你的 Twitter 帳號，**開始追蹤一些和你理念相同的 NFT 愛好者、意見領袖，並且每天和他們互動，讓對方知道你的存在。**記得，提供有價值的內容，而不是打廣告。千萬不要到別人的帳號底下就留下連結：「我的項目很棒，請來關注我。」

Interest：挑起目標族群的興趣

前面提到要提供有價值的內容，也就是你要先了解對方的興趣，再運用自己最擅長的方式，做出適當的回饋。例如你是一位視覺藝術家，你希望能引起一位 KOL 對你作品的

興趣，於是你去研究他很喜歡的球星 LeBron James 近期的比賽，找到你覺得最精采的片段，貼在留言處與他一起討論。或是你也可以用你的風格，繪製一幅比賽的精采畫面，製作成 NFT 送給對方！

記得，引起其他人的興趣，而不是打廣告，抱著希望別人來買你 NFT 的心態。

Desire：讓目標族群渴望擁有

引起消費者興趣和想要進一步了解的好奇心之後，必須在他們的心裡勾勒出擁有這張 NFT 之後會有什麼樣的轉變和收穫。例如我的社群媒體談的是做自己喜歡的事，同時又可以賺錢，因此平常的內容都是免費提供給大家，教大家如何找到自己的熱情、將自己喜歡的事變成擅長的事、將自己的事業結合 NFT……。所以我持續的吸引到對創業、個人品牌、NFT 有興趣的觀眾。

但是，畢竟每個觀眾喜歡的事都不同，有人喜歡運動，當健身教練，有人喜歡占卜算塔羅牌，也有人繼承家業，經營傳統的製造、餐飲、服務行業，一直以來都有很多的觀眾會透過私訊來詢問我創業相關的問題，數量已經多到無法消化的程度了。因此，我發行了訂閱型的〈KOL NFT〉，讓經營 NFT、個人品牌、創業路上遇到問題的人，可以藉由 NFT 的賦能獲得一對一諮詢的機會，滿足想要自我實現的渴望。

Action：採取行動，降低消費門檻

　　當人們心裡想要獲得你的 NFT，你的工作就是盡可能增加購買的便利，減少購買的阻力。像是複雜的購買流程、需要等待的時間、結帳的手續費，甚至英文的頁面都可能讓消費者在過程中失去熱情。有時候你沒辦法簡化流程，那就必須製作簡單易懂的教學內容，讓消費者對於他的購買步驟非常清楚，畢竟，區塊鏈上的消費是一個全新的消費型態，一不小心可能資產就會丟失，或是要等待區塊鏈的處理時間，讓人非常不安。期待粉絲用行動支持你的 NFT 項目的同時，一定要先採取行動，站在粉絲的立場思考。

Step 8 擬定預售策略

　　目前的 NFT 市場，發行方大多期待在發行的一瞬間就立刻搶購一空，因此在公開發售前，會有一段時間的預熱期，讓市場的關注度提高，買氣升溫，而項目方也有責任提供粉絲一個安全、舒適的購買體驗。

◆ 統一定價公售

　　最簡單的預售方式是統一定價公售，訂定一個時間，用固定價格開放給所有人鑄造，這種方式看似單純，但在處理

速度有限的區塊鏈上，往往會引起氣費戰爭（Gas War）。因為所有人都在同時鑄造，為了能夠獲得較快的交易處理速度，大家競相提高 Gas Fee 的願付價格，因此使得 Gas Fee 節節上升。除此之外，也可能造成網站癱瘓或交易失敗的困擾，衍生糾紛。

◆ 白名單分批發售

因此，分批銷售的方式就因運而生。項目方為了獎勵熱情的項目支持者，或是行銷合作的策略聯盟夥伴，會用白名單（White List）的方式保留優先購買資格。有時是保證可以買到，有些則享有優惠的購買價格。白名單的購買時間和公開發售錯開，一方面分散流量，降低氣費戰爭。二方面也可以在前期吸引積極的支持者多多分享、邀請其他的潛在顧客進入社群。

不過，目前的白名單提供方式有愈演愈烈的傾向，項目方要求支持者轉推、分享，邀請其他人入群，同時在 Discord 要踴躍發言以提高等級。需要粉絲花大量的時間在「肝」白名單，甚至演變出收費為他人「肝」白名單的服務。同時，受歡迎的項目也常有駭客或科學家藉著智能合約的漏洞，搶在公售前鑄造或破解白名單而造成原本持有白名單的人買不到的情況。想要發行 NFT 項目的團隊，要小心弄巧成拙，因為白名單，而造成粉絲的反感。

◆不同定價分批發售

　　除此之外，項目方也可以藉由各種不同的定價策略來分批發售。例如：依據 NFT 的效用不同，先定價發售四分之一的 NFT。第二階段再採用荷蘭式拍賣稀有的 NFT，讓市場機制決定合理的售價。第三階段如果還有沒賣完的 NFT，就用前一階段的底價或一定折數固定價格銷售。

三種發行 NFT 的銷售策略		
	優點	缺點
統一定價公售	價格明確，購買者可以單純依喜好挑選。	容易造成氣費戰爭。
白名單分批發售	1. 可以在發售前先篩選購買者資格，帶動社群幫忙宣傳。 2. 降低同時鑄造的高昂氣費。	使用白名單的智能合約，需要更加小心駭客和科學家的攻擊。
不同定價分批發售	降低同時鑄造的高昂氣費。	前期鑄造的 NFT 進入二級市場，紙手轉賣出的價格可能會混亂後期的銷售。

Step 9 努力工作

　　在前期的規畫完成之後，你就可以開始對外宣布 NFT 項目了。前期規畫得再縝密，也需要後期相對的執行力才能實現計劃的目標，達成路線圖上的里程碑。我從 2018 年開始研究藝術市場，2021 年 2 月開始製作 NFT 相關的社群內容，因此很多歐美 NFT 的項目在進入華語市場時，都會透過我的社群媒體推廣，甚至在發行之前，就擔任他們的顧問。因此我深知 NFT 項目一路走來的演變，從一個創作者自創項目，到 3 ～ 5 個人的兼職投入 NFT 變成專業團隊，到現在 VC、企業捧著大錢投資，背後都有許多努力在支撐。流行的手法和智能合約不斷的變化，唯一不變的是發行項目需要不停的努力工作，實現對支持者的承諾。

　　在人們連 NFT 是什麼都還不知道的時候，花大錢買廣告是不切實際的投資。因此，花時間把項目做好，建立和早期支持者的深度溝通，運用口碑來擴展潛在的消費者，是更有效的工作。如果你想要找網紅和意見領袖幫忙推廣，也不是花錢就可以的，真正重視品牌信譽的人，會認真評估你項目的可信度，不會向粉絲推廣可能會傷害品牌的項目。

　　努力工作吧！

Step 10 為項目加值

即使 NFT 項目在公售時就搶購一空，也不代表你的 NFT 項目就成功了。相反的，這只是一切的開始。區塊鏈的特性就是公開，且永久記錄的交易過程。和一般的消費品會用完、報廢、無法追蹤不同，當你發行 NFT 之後，任何人都可以看到這個項目的後續發展。如果你沒有打算經營你的項目一輩子，最好不要發行 NFT，免得傷害相信你的人，傷害了你的品牌。

和經營所有的事業一樣，你可以持續提高 NFT 在市場上受歡迎的程度來增加價值。例如你發行了動物角色的 NFT，可以把這些角色發展成繪本故事、動畫短片，或是四

格漫畫，讓更多的人喜愛你的角色，進而想要收藏 NFT。如果你願意，可以把角色的 IP 授權給 NFT 的持有者，讓持有者可以和其他品牌合作，獲得商業授權的收入。

　　或者，你也可以成立一個去中心化自治組織（DAO），讓一定比例的 NFT 收益進入 DAO 的錢包，再讓 NFT 的持有者擁有 DAO 的治理權利，接受成員提案，並且可以投票決定財務的使用方向。隨著 DAO 持有的加密資產愈多，NFT 所代表的價值就愈高。總之，讓你的 NFT 價值超越價格，才是參與者願意長期持有的關鍵。

第 **5** 章

NFT
的未來

5.1
NFT 的下一個階段

1、「年輕世代」展現自我的新形式

　　在 NFT 出現之前，實體藝術品難以透過數位世界傳播，一方面因為收藏家對作品的審美，是建立在實體世界的各種感官體驗而來，一幅油畫透過攝影仍無法完全展現其筆觸和不同角度下的光影。而數位藝術則因為容易複製，卻難以鑑別所有權，一直沒有受到市場的認同。現在有了 NFT，數位藝術得以拓展全新的收藏市場，另一方面也是因為世代的品味變遷，網際網路發展到現在 30 年的時間，這群從小開始使用網路的年輕世代，你很難想像他們會想要在家裡收藏明清時代的字畫、印象派的畫作，或是朱銘的雕塑。而且，這些作品多年來在藝術市場的炒作之下都太貴了，對年輕人來說，他們既沒興趣，也買不起。

而數位藝術則是很符合網路世代的生活方式，在社群網路上認識新朋友，用虛擬的頭像（avatar）代表自己，購買遊戲裡的衣服、鞋子穿搭，布置自己在數位世界裡的家，請世界各地的朋友來玩。人們用購買的東西來表現自我，和他人溝通。創作者如果能夠理解如何用作品表達創作理念，同時符合當代的審美和情境，就更有機會獲得市場的認同。

最後，在網路效應下，數位作品不再強調獨占，取而代之的是分享，創作者追求的不應是一生一件的傑作，而是不斷隨著生命和時代成長的創作歷程。收藏家也不希望創作者在死後才成名，而是希望藉由社群的持有、傳播和經營，提高 NFT 的價值。

2、結合「線下活動」與「實體商品」

目前的 NFT 市場上仍有很多假貨，因此就引來質疑 NFT 能否鑑別真假的問題。就像觀眾喜歡在台下和留言區破解魔術的手法一樣，質疑 NFT 的人也常提出右鍵下載、螢幕圖片之後重新鑄造，以及盜取不知情創作者的作品、假冒本人鑄造成 NFT 販售的各種破解手法。然而，這些問題其實不是 NFT 本身，而是大眾對知識產權的理解不足所造成。知識產權的重要性是，人類以智慧創造的無形資產，享有與有形資產相同的價值，與受到保護的權利。無論是不是

NFT，即使是一張我上傳在 Facebook 的頭像，只是一個 JPG 檔案，也不代表任何人都可以右鍵另存拿來當成自己的頭像，對嗎？

創作者除了被動的保護智慧產權，也可以利用 NFT 衍生規模化的商業模式。當 NFT 在市場上受到歡迎，創作者可以圍繞著裡面的角色來創作故事，製作成漫畫或動畫電影。無論是和串流平台合作發行，或是在 YouTube 這類免費平台獨立發行，都可以獲得進一步的收益。在更多人接觸到 NFT 的故事內容之後，可以再結合實體和線上的活動策劃展覽，讓人們在展場和元宇宙重溫故事的魔力，並且在參觀之後，到商店購買相關的紀念品，無論是實體的版畫、悠遊卡、雨傘、公仔、蛋糕，或是虛擬世界的服裝、道具、3D 模型。

商業模式也不必凡事盡其在我，例如遊戲的開發，需要花費大量的金錢、時間、人力與經驗，不是每個項目都可以自己開發的，就很適合用授權的方式，和專業的遊戲開發商合作，創造雙贏。

3、帶來個人／企業品牌的轉型

NFT 的快速成長，讓有些團隊成為 NFT 項目的連續創業家，他們快速的開發 NFT 項目，在公開發售之後就停止

經營，然後再去開創下一個項目。這為他們自己創造了短期的財富，但留給 NFT 持有者的，只是沒有價值的數位垃圾。相反的，NFT 也可以成為品牌的良好基礎，在擁有了前期的支持者社群之後，透過持續的提供價值給持有者，能夠建立創作者在社群心中的良好信譽。

村上隆（Takashi Murakami）就是一個擅於經營品牌的藝術家，從彩色的 Louis Vuitton，到七色笑臉花和日本的動漫與情色文化，他都能夠融入在自己的藝術創作中，並且讓自己在西方世界主導的藝術、時尚界獲得肯定和極高的品牌識別度。2021 年 11 月，村上隆與虛擬服飾設計品牌 RTFKT 合作的「CloneX」專案（見圖 5.1.1），也受到 NFT 收藏者的支持，顯示了村上隆在實體世界的品牌魅力，應用到虛擬的流行服飾，一樣行得通。而 RTFKT 從 2021 年 3 月份和 FE-

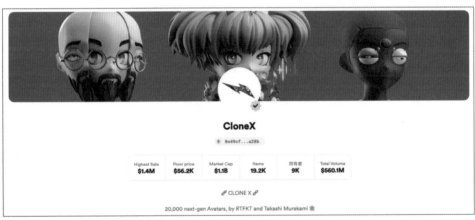

▲**圖 5.1.1** RTFKT 與村上隆合作的「CloneX」NFT（圖片來源：OpenSea）

WOCiOUS 推出大受好評的聯名虛擬鞋款，到村上隆的 CloneX，也吸引了 Nike 在 12 月宣布買下 RTFKT，加速 Nike 品牌的數位轉型。NFT 品牌的建立，已經是刻不容緩的行動。

NFT 賣的從來不是圖像本身，而是共識。就像是推出笑臉 LOGO T-shirt 的潮牌 MA®KET，支持者買的不是笑臉，而是他們心中叛逆的靈魂。如果你是一個創業者，你也可以用自己的畫作推出 NFT，向世界傳遞你的品牌訊息：把喜歡的事做到卓越，就是藝術。藉此帶給社群裡的每一個人信心和勇氣，看見 NFT 巨大的機會，讓每個人都能夠在事業與生活中追求幸福的人生。

4、推動「組織型態」的轉型

創作者以前大多專注在作品上，以作品表現自己的藝術成就，而把銷售和收藏家的關係，交給藝廊或經紀人去處理，讓創作者和收藏者的關係愈來愈遠。然而，在 NFT 的數位創作世界裡，由於不需要中間人，藝術家便可以為自己的作品發聲。這是新的機會，也是挑戰。

2021 年初期，NFT 項目還可以由創作者自己上傳作品到交易平台銷售，但現在的 NFT 項目愈來愈多，只是單純的上傳作品，不容易獲得市場的注意。但這也不代表一定要

是明星、網紅、大藝術家才能發行 NFT 專案，而是創作者
要更密切的建立和支持者之間的溝通管道，無論在發行前、
公開發售中，或是發行之後的經營。

　　NFT 團隊可以是藝術家一個人、幾個跨領域專長的人
合作，或是一家公司。匿名的跨領域合作團隊也相當常見，
成員各有自己的事業或工作，不便揭露身份，各自負責美
術、程式開發、行銷、營運……等職務。在 NFT 項目發行
之後，有的團隊會繼續用兼職的方式維持社群，也有團隊會
把項目轉為事業經營，而財務管理在這之後更顯得重要。如
果團隊依賴二級市場的交易版稅收入作為維持團隊營運的財
源，那麼推動 NFT 的熱絡交易將會是他們主要的工作，這
在整體市場面臨熊市，交易量下滑的時候特別危險。

　　而在以「去中心化」為首要理念的加密領域，成立去中
心化自治組織（DAO）可能是更多 NFT 項目選擇的經營方式
（我將會在 5.4 節，詳細說明該如何運作 DAO）。無論選擇哪一
種方式，最重要的是衡量自身的資源。如果藝術家並不擅長
社群經營，也不一定要成立一個 Discord 群組，讓自己整天
掛在上面聊天，畢竟，收藏家可是欣賞你的作品而購買的，
而不是想要找你聊天，而荒廢了創作。

5.2
NFT未來還有什麼應用可能

當我在寫這本書的時候，NFT的世界已經陸續在產生各種新的應用和變化，也許你會看到一些應用已經落實，一些構想還沒有人去做。無論如何，你都可以運用這本書的架構，推理出應用到你的行業的方法。

應用1 餐飲娛樂

事實上，高爾夫俱樂部的球證，就具有和NFT類似的性質。持有高爾夫球證，除了在打球的時候享有VIP的待遇，還有預約特權、價格優惠。由於數量有限，且有些球場的球證還享有股東的權利，隨著球場的經營成長，價格也水漲船高。同時，高爾夫球這項運動本身的花費不貲，打球的

俱樂部會員也暗示其財力和社會地位，因此，高爾夫球證也成為一種社交地位的象徵，可以交易、也成為一種投資。

如果將高爾夫球證發行為 NFT，可以產生什麼變化呢？對高爾夫俱樂部來說，在 NFT 球證加上一定百分比的版稅，就可以在每次交易的時候收益一定的版稅收入。對球證的買家來說，以前需仰賴仲介或第三方平台交易來找尋賣家及徵信，現在透過 NFT 可以讓交易透明化，買家可以從發行者的錢包地址辨識是否為球場發行，也可以直接向 NFT 的持有者匿名購買，維持賣家的個人隱私。

餐飲業也可以發行 NFT。作為餐飲行業的經營者，你可以保留視野最好的貴賓席、VIP 之夜的限定入場，以及新菜色的提案與掛名權利，甚至是銷售的分潤，作為 NFT 持有者的福利。讓 NFT 成為連結消費者和經營者緊密關係的媒介，以及社交生活場合的首選。

Sharing Box

紐約餐廳 Flyfish Club 與臺灣米其林餐廳 RAW

位於紐約的 Flyfish Club（FFC）就是一家基於 NFT 開發出會員制的餐廳，擁有 FFC NFT 的成員，可以無限制的使用占地 10,000 多平方英尺的空間，包括餐酒館、主廚私房料理和高檔的戶外空間。

臺灣的米其林餐廳 RAW 也發行了自己的 NFT，結合虛擬藝術收藏、米其林料理、VR 體驗，NFT 持有者可以和主廚、VR 導演和表演藝術家共創 NFT 作品，在餐廳內享用隱藏版料理、體驗 VR 虛擬實境，並可分享後續 NFT 的銷售紅利。

應用2 服飾

　　數位服飾是全新的消費型態嗎？其實我們的小孩早就開始在線上遊戲 Roblox 及 Fortnite 裡購買、設計自己的服裝。如果加上 NFT，會有什麼差別呢？想像一下你是一位服裝設計師，設計了一個版型，鑄造成 NFT。還有一位印花設計師，製作了十款不同的數位印花，當他擁有你的 NFT，就可以將印花套在你的版型上，發展出數十套的數位服飾。透過應用程式，還可以將這些服飾轉化為各個元宇宙、遊戲內（像是 The Sandbox 和 Decentraland 等 3D 虛擬實境平台）的角色道具，甚至，也可以在擴增實境的 AR 環境下使用，讓現實世界裡的人物透過濾鏡就穿上 NFT 服裝。

　　thefabricant.com 就提供這樣的平台服務，你可以利用他們的工作室平台，在 The Fabricant Studio NFT 市場完成數位服飾的鑄造和交易。版稅收入由參與服裝創作的每個人分潤，建立一個更加公平的時尚世界。

　　實體世界的服飾也可以透過 NFT 來預測需求量，並提高價值。Adidas 與 Bored Ape Yacht Club、GMoney（NFT 收藏家）以及 Punks Comic（NFT 漫畫）共同打造了一款名為〈Into the Metaverse〉的 NFT。擁有者可在 2022 年獲得限量的帽 T、運動套裝和橘色毛帽共四款聯名商品，並且可以作為 Adidas 的元宇宙通行證。

應用 3 房地產

　　區塊鏈的土地 NFT 化已經普遍被採用於現在的遊戲及元宇宙項目，就連有名的沙盒遊戲 Minecraft 也因為已成熟和開源的基礎設施，給了新創團隊靈感而建構出「NFT Worlds」。如果想看 NFT Worlds 在實際遊玩時的樣貌，可以透過以下網址觀看：https://viewer.nftworlds.com/?world= number，number 的部分須改成世界的編號（見圖 5.2.1）。

掃條碼可看
「NFT Worlds」
編號 6233 的世界

　　在實體房地產方面，NFT 也可以作為房產碎片化的一個方式，特別是一般人難以個別參與的高價房地產投資，可以將產權碎片化，透過 NFT 來降低購買的門檻。例如購買

▲圖 5.2.1　「NFT Worlds」編號 6233 的世界（圖片來源：NFT Worlds）

一棟售價十億的房產，可將其拆分為 1 萬份 NFT，每一份 NFT 售價 10 萬元，持有者就可以參與購買。房產出租商用的衍生收益可以分配給 NFT 的持有者，隨著房地產的市值升高，NFT 的內含價值也增加，想要變現的持有者可以賣出賺價差，交易的版稅收入則可以作為物業管理的基金。

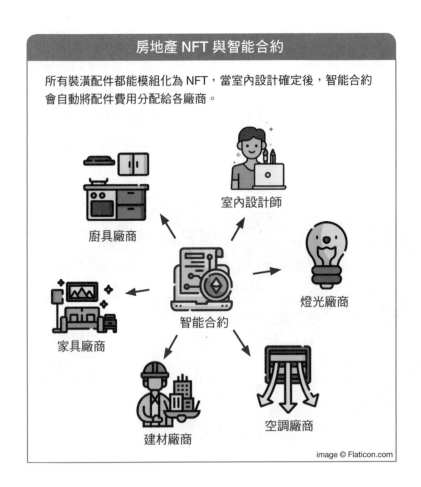

房地產 NFT 與智能合約

所有裝潢配件都能模組化為 NFT，當室內設計確定後，智能合約會自動將配件費用分配給各廠商。

廚具廠商

室內設計師

智能合約

燈光廠商

家具廠商

建材廠商

空調廠商

image © Flaticon.com

買了房子之後，裝潢也是很花時間和金錢的。有沒有什麼 NFT 可以幫上忙的地方呢？有的。建商可以將室內空間的 3D 模型放置在平台上，並且製作成 NFT，屋主購屋時同時解鎖 3D 模型，提供給室內設計師設計。家具、燈具、家電、建材廠商，也把他們的產品模組化做成 NFT，提供給室內設計師搭配，當屋主同意設計師的搭配，就可以將整組 NFT 購買下來，智能合約會自動將設計費、各廠商的費用分配到各自的錢包中，實體物品則按照施工的期程向供應商兌換。

應用4 票券

展覽、活動、演唱會的門票，未來也都可以變成 NFT。和實體票證的最大差別，在於實體票券往往使用時會撕毀、收回、丟棄，而數位票券多半只是廠商的軟體系統產出 QR Code 作為識別使用，在使用後並沒有流通的價值。

而上述的票券如果做成 NFT，除了具有和現有的二維碼一樣的辨識入場功能，更可以變成個人的收藏品、資產。試想一下，你參加了 2022 年的藝術博覽會，門票的 NFT 是由新人藝術家所繪製的，過了幾年，這位新人藝術家的作品受到市場的喜愛而爆紅，當全世界都開始追溯他早期的作品時，你就擁有了人人都想要的 NFT。

▲圖 5.2.2 　動力火車演唱會的 NFT 套裝組（圖片來源：Fansi）

　　臺灣的演唱組合動力火車 2022 年 3 月也在音樂 NFT 平台 Fansi 上發售了演唱會的 NFT 套裝組，包含門票、後台見面的 VIP 特權、限量周邊 T-Shirt 以及台北場動態藝術作品（見圖 5.2.2）。

應用5 教育

　　假學歷的消息時有所聞，如果用 NFT 來作為學歷證書，只要確認證書的出處是否真的是學校的區塊鏈地址，就能輕易的識別。學校和教育單位也可以將通過學分的證明做成

NFT，當學生集滿了畢業條件，就可以向學校兌換畢業證書。當然，這些證書的 NFT 是禁止交易的。

線上課程平台也可以運用 NFT 讓學習歷程和資訊流通更加順暢，在學生報名線上課程時就發給 NFT 作為上課用的學生證，利用學生證的 NFT 就可以登入線上學習。如果課程結束後想要拿到證書，必須繳回學生證，就可以避免學生證出借給他人使用的問題。在求職的時候，徵才單位也可以有效的驗證求職者的證書和學習歷程，避免現在的數位學習證書只是一張 JPG 圖檔，非常容易複製及修改的問題。

不只如此，我在今年將發布的 NFT 線上課程，也設計了桌遊作為教具，讓報名的學員可以獲得隨選印刷（Print on Demand）的 NFT，自行列印成為桌遊。在課程學習之外，也可以和朋友一起遊玩，或是未來再銷售給其他想要學習的人。

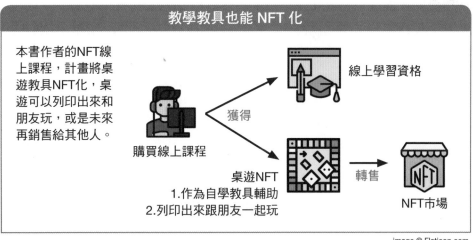

教學教具也能 NFT 化

本書作者的NFT線上課程，計畫將桌遊教具NFT化，桌遊可以列印出來和朋友玩，或是未來再銷售給其他人。

購買線上課程

獲得

線上學習資格

桌遊NFT
1.作為自學教具輔助
2.列印出來跟朋友一起玩

轉售

NFT市場

image © Flaticon.com

應用 **6** 旅行

知名連鎖咖啡店星巴克的城市杯，是熱愛旅行和咖啡館的旅人，到每一個城市都少不了的紀念品：台北 101、布拉格的查理士大橋、東京晴空塔……，紀念品不但滿足了人們蒐集的欲望，更是旅行過後最棒的回憶。除了蒐集實體的旅行紀念品，NFT 也可以用來整合行程、體驗和元宇宙的回憶。

例如：當你從臺灣出發前往東京旅遊的時候，機票就是一個 NFT，在付完機票費用後，錢包裡就收到機票的 NFT，登機時可以出示 NFT 掃描驗證身份，當然，班機、座位、餐點都已經在鑄造的時候記錄在 NFT 的元數據裡。

抵達日本機場入境之後，因為你的 NFT 頭像享有接送優惠，訂機票的同時，智能合約已經事先訂好接送車司機，在入境大廳等候並且送你到飯店。因為身份一路都綁定驗證，你到了飯店馬上就可以入住，並且收到當地合作的米其林一星餐廳邀請前往用餐。你在 DAO 擔任議會成員，這家日料的私人招待所，正是日本的另一位議會成員所開的，你們從未在真實世界見面，但雙方的情誼卻非常緊密。

隔天，你來到淺草體驗日本傳統和服，穿上和服逛著雷門拍照，在歸還了和服之後，獲得了店家贈送的 NFT，包含當天的和服、腰帶、妝髮、包包、木屐，都可以在 The Sandbox 上穿著和交易。按著當地觀光局的觀光地圖濾鏡，

在指定的三個景點拍照之後，獲得了 2022 年的指定 NFT 徽章，這是每一年都會變換不同設計的徽章，你想像著，明年還要再來一次……。

　　就這樣，你的旅行從出發、搭機到下榻飯店、用餐，不需要保管各式各樣的紙本票券，或是在不同平台的 APP 之間切換。只需要一個虛擬錢包，運用 NFT 的統一格式，連結了資料、資金，和人與人之間的關係。

5.3
你的NFT會變成孤兒嗎？

NFT 之所以會成為被拋棄的孤兒，有時候是因為 NFT 的項目方只想短期炒作撈一筆，在發行後無心經營；有時則是因為智能合約考量不周，或是規則不公，造成社群心灰意冷。

買了 NFT 之後，如果是自己喜歡的收藏，放在錢包裡當然是不時拿出來把玩，或是分享給朋友看，拿來當做自己的頭貼都很開心。但是，對於只想要買低賣高賺錢的人，NFT 放在錢包裡就是不停的焦慮，不時問自己什麼時候才能賣得掉。

我必須在這裡說明一個重要觀念：NFT 是在區塊鏈上鑄造，如果相對的元數據（metadata）和指向的媒體內容都上鏈，那麼只要這個鏈還健康的存在，你的 NFT 資產並不會因為項目的網站消失就消失不見。

現實案例：Tezos與Hic Et Nunc

2021 年 11 月 12 日，當時 Tezos 上最大的 NFT 交易平台 Hic Et Nunc（以下簡稱 HEN）無預警關站，雖然它既陽春又不穩定，但也因為這種原始的設計，聚集了許多演算藝術與新媒體藝術家，形成了普及、抗審查、重視文化大於商業的社群風格，同時也為在大型 NFT 平台中被經濟或文化排斥的人打開了大門。如果要拿真實世界來比喻，我想 HEN 就像是「海或瘋市集」（花蓮東海岸一年一度的特色市集）那種自成一格的魅力吧。

HEN 的突然消失，沒有任何解釋，唯一剩下的就是 HEN 的 Twitter 上寫著「停止運作」（Discontinued），並發出了一條智能合約的貼文作為最後的告別。有人對團隊的不負責任感到憤怒、有人用陰謀論推測是否網站遭到攻擊，也有人擔心自己的作品和收藏是不是從此就消失了。還好，這一切發生在區塊鏈上，雖然使用者無法訪問平台介面，但仍然可以看到 HEN 的 NFT 列在另一個 Tezos 鏈上的 NFT 交易平台 objkt.com。

Rebranding NFT品牌再造

如果你的 NFT 被項目方拋棄，你可以怎麼做呢？即使你對 NFT 項目方的經營沒有信心，也不代表這個項目就已經死了。NFT 的藝術性仍然是值得保留的資產。因此，萬一遇到不給力的經營團隊，持有者社群也可以自力救濟，畢竟持有 NFT 的人才是真正的社群治理者。如果有較具財力的成員收購一批地板價的 NFT，並且開始重整、落實路線圖，還是有可能讓社群的共識延續下去，起死回生。

事實上，即使不是既有的 NFT 持有者，對我來說，如果項目的美術設計真的做得很好，是我們自己花錢、花力氣都不見得做得出來，只是經營者當時不用心，導致項目價格低落。這個情況下，創業者也可以評估收購現有的項目做品牌再造。讓我們試算一下，買下 6 成的 10K 項目（指 1 萬個頭像組成的 NFT 項目），在地板價是 0.01 ETH 的情況下，花60ETH 就能夠擁有完整的設計和現有的社群成員。況且在收購消息出來之後，肯定會振奮社群的士氣。只要你真心且有能力經營 NFT 項目，我認為「收購 NFT 項目」也是一個品牌再造的可行方法。

持有者收購 NFT 項目〈Pudgy Penguins〉

2022年1月，曾經被視為成功案例的NFT項目〈Pudgy Penguins〉就面臨了團隊涉嫌掏空錢包的風波，使得交易量快速下滑，整個社群的活動及熱度也急遽下降。雖然社群提出成立DAO來管理項目的提案，但事實上對於創始團隊來說毫無約束力可言。4月份，Pudgy Penguins的四位共同創辦人將8,888隻企鵝的NFT經營權及特許權，以750 ETH的價格出售賣給其中一位持有者所組成的經營團隊，重新領導這個項目。

Pudgy Penguins給所有NFT投資人的另一個重要提醒是，購買NFT必須有以下清楚的認知：你就是天使投資人，正在投資一個新創團隊的項目。

5.4
DAO 去中心化
自治組織

NFT 從作品、項目 IP、品牌到組織，形成了網路世界「去中心化治理」的典型路線。但為什麼 Web3 不依循現有的中心化組織，尋求和長久以來的政府、公司、協會一樣的運作模式呢？我認為傳統的中心化組織，至少有三個挑戰，一是資源過度集中，二是營運低效率、三是決策偏離需求。

中心化組織的挑戰

◆ 挑戰一：資源過度集中

　　成立一家公司來營運 NFT 是需要一定的資金規模的，無論從營運層面或是法規的層面來說，基本上，從開始設立

公司的第一天，就是燒錢的開始。而公司的創始人，當然也就得要負責出這些錢，即使你可能擁有技術或智慧財產可以貢獻，你還是需要現金才能讓事情順利進行。

當然，你也可以選擇通過銀行貸款，或是尋求創業投資（VC）及天使投資人的參與，投入相對的資金來換取股份，但這也就意味著你經營公司必須向參與者提供投資的回報，資源的過度集中，有時會導致創辦人的財務和時間壓力過大，而造成一些副作用，例如為了創造更高的帳面收入，而做出不利於組織成立時的目標的決策，來換取投資人的支持，例如裁員以降低成本提高利潤、不當利用客戶數據增加營收、運用內線交易帶給高層管理者優先利益……等。

◆挑戰二：營運效率低落

新創公司通常由創辦人或創始團隊來快速做出決策，用最小可行產品（MVP）來測試市場的反應。然而，當公司開始成長，例行性營運事務開始增加，組織規模也會隨之擴充，人變多了，效率卻比小團隊的時候還低，為什麼呢？其中一個關鍵原因是組織結構，中心化組織常見的結構是：CEO→業務負責人→部門負責人→協理→經理→基層主管→執行人員，當你需要做出一項例行性決策，卻需要三個人以上簽字的時候；或者說：這件事需要問老闆才行。這可能暗示了中心化組織營運低效率的問題，或是過度的依賴個人決策。無論是哪一種，都是不健康的跡象。

◆挑戰三：決策偏離需求

　　組織的部門設計原本是為了分工合作提高效率，然而也因為專注在各自的工作中，可能因為本位主義或缺乏信任、溝通中斷，而造成決策偏離需求的問題。例如產品部門花了很多力氣製作使用說明文件，卻因為太多術語造成使用者看不懂。客戶服務部門將此回饋給銷售人員，但銷售人員只重視銷售額而造成訊息被忽略，認為是產品設計不良。行銷部門則認為銷售人員沒有妥善向使用者解說，因此產品的續訂率才會下降。依賴這些組織傳遞訊息來決策的高層，則在會議中看著各部門互相爭執、推卸責任，只能努力試著用自己的經驗和直覺來判斷。

NFT 小知識

什麼是去中心化自治組織（DAO）？

　　中心化的組織由上而下，由老闆發號施令來制定章程，決定誰可以做什麼？誰應該做什麼？這些資源應該要如何運用？而去中心化自治組織（Decentralized Autonomous Organization, DAO）就像一個沒有老闆，不需要CEO的組織，透過電腦跟電腦之間的共識來建立協定，然後透過程式把營運性的事務寫成智能合約，這些智能合約會自動執行，以最小化人為的介入和干擾，降低交易成本。

　　加密貨幣就建立在去中心化的理想上，現在市值最高的加密貨幣是比特幣，市值已經超過很多國家的GDP了，就是因為它不需要中央銀行，也不需要聯準會的管制跟銀行之間的傳輸，提高了整體的交易效率。第二名的以太幣，交易市值在未來也很有機會能夠擠進全世界前十大的組織。

「去中心化自治組織」提供了新的可能

中心化組織的公司,決策是由上而下的,最高的單位是股東會,但是每天叫股東來開會,決定公司的大小事也太沒效率了,所以我們請股東選出一群董事組成董事會來做公司重要事項的決策,再從所有的董事裡面選出一位董事長代表董事會來執行。然而,董事、董事長可能有個人利益與公司利益的衝突,也就會造成公司治理的問題。同時,管理者在組織中與其說是一個優雅的指揮家,指揮著所有人和諧的工作,更像是一個隨時待命救火的消防員,處理公司裡面隨時出現的緊急狀況。在組織愈複雜的時候,出現的狀況愈超

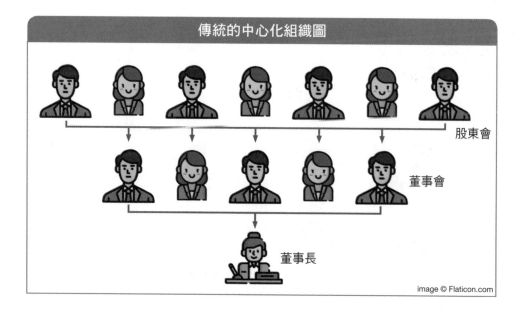

傳統的中心化組織圖

股東會

董事會

董事長

image © Flaticon.com

乎一個人所知跟所能決策的範圍，這時候非常重要的就是群眾智慧了。

而去中心化自治組織（DAO）與其說是一個沒有老闆的公司，更像是一個人人都是老闆的公司，讓公司的消費者，同時也是公司的所有者，更能發揮群眾智慧。當你購買了這個組織的代幣，或者你擁有了它的 NFT，你就擁有參與決策的權利，透過這樣的機制，就可以縮短市場跟組織這兩端之間的距離，讓需求跟決策更為接近。而透過 DAO 的參與和投票（見下圖），又可以縮短決策跟執行之間的距離，進而提高了組織的效率，這就是中心化組織跟去中心化組織中間最大的差別。

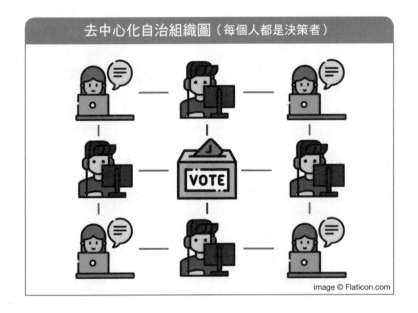

去中心化自治組織圖（每個人都是決策者）

image © Flaticon.com

Nouns DAO

Nouns DAO 的實際運作案例

　　讓我們先回顧一下「Nouns DAO」：這個去中心化自治組織由稱為「名詞」（Noun）的數位藝術品 NFT 組成，「名詞」屬於公共領域授權，每天會有一個「名詞」NFT 產出，每 24 小時拍賣一次。拍賣收益 100% 發送到 DAO 的金庫，所有「名詞」NFT 的持有者都是 Nouns DAO 的成員。

　　在 Nouns Dao 討論將「奢華 Noun 太陽眼鏡」推向市場的議案中，提案者要求的資金為 115ETH，將用於創建智能合約、網站、行銷素材，通路及分銷，並開始生產製造產品。在圖 5.4.1，你可以看到 Noun NFT 持有者的投票結果是 48 票贊成，8 票反對，16 票棄權，議案通過並且開始執行。掃描左頁 QR Code，你可以看到這個議案的提案人、投票者，以及由Nouns Dao 金庫轉出資金的交易紀錄。

48 票贊成　　　　8 票反對　　　　16 票棄權

▲圖 5.4.1 Nouns Dao「奢華 Noun 太陽眼鏡」議案表決結果（圖片來源：Nouns DAO）

金融業與DAO

　　金融業作為首先應用 DAO 的行業，可以有效的減少員工人數、行政管理的流程，和因應法規的額外成本負擔。

　　在過去 12 個月以來，加密貨幣交易所 Coinbase 和 Uniswap 處理的交易量大致上相同（見圖 5.4.2），但是營運

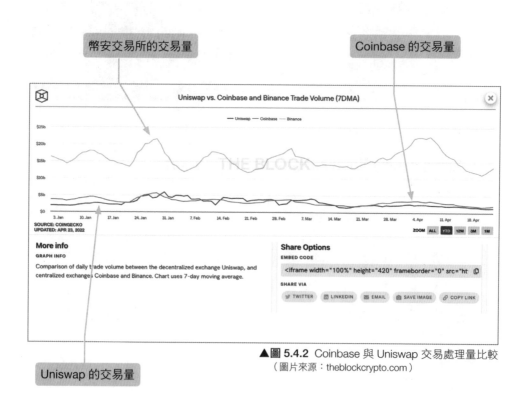

▲圖 5.4.2 Coinbase 與 Uniswap 交易處理量比較
（圖片來源：theblockcrypto.com）

所需要的勞動力規模，Uniswap 只有 Coinbase 的 2% 左右[1]。其中一部分原因，就是因為 Uniswap 是推動去中心化金融（DeFi）的加密貨幣交易所，它的目標在於自動化加密貨幣交易，且對任何持有加密貨幣的人完全開放，同時提高相對於傳統交易所的交易效率。

這裡讓我們從幾個使用者體驗流程來理解去中心化自治組織帶來的交易成本差別：

使用流程	中心化交易所	去中心化交易所
開戶	需要申請交易所的帳號密碼。	無須帳號密碼，連上加密貨幣錢包即可使用。
核准	需要身份驗證才能使用完整功能。	可匿名使用無須審核。
交易	可使用交易所本身有上架的幣種。	任何人均可上架符合協議的幣種。（Uniswap 為 ERC-20）。
流動性	需要現金儲備，募集資金。	任何人都可以為平台提供流動性。
客服	需要大量的客服人員解決使用者遇到的問題。	開源、自助式。

1　2022年3月Uniswap員工人數約53人，Coinbase 約3,730人，且陸續增加中。（資料來源：craft.co, wikipedia）

當然，DAO 也不是完美無缺，無所不能的。智能合約能夠解決的是已知跟例行性的問題，但對於那些未知的、我們無法控制的事項，如何去解決爭端，仍是 DAO 持續面臨的挑戰。

創作者與DAO

如果你是一位創作歌手，除了等候伯樂發現你的才華，等待唱片公司願意投資在你的身上，還有什麼方式完成自己的音樂夢想？你又可以如何運用 DAO 呢？

你可以透過發行音樂 NFT，讓喜歡你的音樂的支持者，透過購買 NFT 的方式，來獲得 DEMO 音樂的版權，並且在未來正式發行專輯時，從銷售所得中獲得相對的版稅。唱片公司不用冒著風險先花了大錢去揣測銷售量，而是先找到支持者，再發行專輯，甚至選歌、選製作人、專輯封面設計、發行數量和單價，都可以交由 DAO 的成員來參與決定。最棒的是，這些 DAO 的成員，也是最有說服力的社群推廣者，貢獻了免費的口碑行銷。

同樣的，在閱讀書籍的人愈來愈少的情況下，出版社也很難預估市場對書籍的需求量。想要一圓作家夢想的文字工作者，也不容易生存。出版行業也可以透過 DAO 來凝聚社群共識，招募出版專業人才優先加入 DAO 的執行團隊，包

含編輯、校對、美編、企劃、通路。再由愛書人參與 DAO
的出版提案投票，在出版前先做限定權益的試讀，購買新書
的 NFT 作為兌換實體書或電子書的憑證，如此一來，讀者
仍然可以繼續獲得自己喜歡的書，支持作者出書。出版團隊
也可以掌握出書的節奏，無須擔心出版後的庫存風險。

Sharing Box

去中心化音樂技術網路「MODA DAO」

「MODA DAO」就是音樂產業連結DAO很好的案例。這是一個以
非盈利的基金會為基礎，邁向音樂行業的去中心化自治組織。其目的在減
少中間人的剝削、透過流程自動化、技術改善和簡化創造價值，並回饋給
代幣持有者及MODA DAO的生態系統。

音樂創作者、歌迷以及商業夥伴可以透過持有MODA代幣參與MODA
DAO。透過MODA 代幣的質押與投票，審核歌曲及NFT的發行。MODA
DAO 從其出版及管理的歌曲銷售額中獲得收入，收入將分為三種不同比例
及方式運用：返還給 MODA 基金、在市場上購買MODA代幣循環到獎勵池
中、驅動音樂市場的持續增長和NFT流動性。

持有MODA代幣的成員可以選擇支持某些音樂創作者，提高他們在
DAO 中的曝光率和排名。而創作者可以選擇以NFT 或 MODA 代幣獎勵的
形式，回饋獎勵給他們的支持者。

MODA 成員也可以增加質押代幣在尚未發行的新歌曲，提高他們在
MODA 音樂目錄中的知名度。當該歌曲的NFT售出時，質押者可以獲得歌
曲衍生的 NFT（例如紀念專輯封面的NFT），並收取一定比例的交易回饋。

5.5
元宇宙

元宇宙從何而來？

　　元宇宙是一場創造新的生活空間，與搶奪人類生活時間的商業戰爭。談到元宇宙（Metaverse），就一定會講到史蒂芬生（Neal Stephenson）1992 年的小說《潰雪》（*Snow Crash*）和 2018 年的電影《一級玩家》（Ready Player One）。在這裡，我從語言的角度來切入，meta 是指出自於某處，同時又超越了出處的意思，而 verse 是從 universe 這個字所提取出來的字根，泛指整個物理世界的所有元素，因此 metaverse 是超越人類現有生活的世界。

　　換個角度，我們從中文來理解，宇就是空間，宙就是時間，這是人類在世界上最寶貴的兩項資源。我們在地球上的空間已經沒辦法再創造了，土地被人類占領、開發完了，所

以一部分的大企業就往太空去發展新的空間，像是伊隆‧馬斯克（Elon Musk）的 Space X，亞馬遜的藍色起源（Blue Origin），以及理查‧布蘭森（Richard Branson）的維珍銀河。對於其他沒有往太空去創造空間的企業，還有什麼選擇呢？很自然的，每家公司都會選擇自己最有優勢的地方去創造空間。像是 Facebook 在 2014 年買下了 Oculus 這家虛擬實境（VR）頭戴式顯示器技術的公司，並且在 2020 年推出了 Oculus Quest 2 這款入手門檻和體驗接近手機的 VR 裝置，大大提升了市場占有率和接受度，也因此，Facebook 心中的元宇宙，是一個以 VR 為主的新世界。

相反的，Apple 心中的元宇宙，就不是這麼一回事了，Apple 是目前全球最大的擴增實境（AR）平台，所以理所當然 Apple 是朝著 AR 去發展他們的元宇宙，先制定規則和標準，取得消費者心中的定位，就能夠占據最多的空間。當然還有其他公司在電腦世界建立他們的新空間，透過螢幕連接真實世界的人們，目前區塊鏈中的主流平台，像是使用 3D 立體像素呈垷的沙盒遊戲平臺 The Sandbox 和虛擬世界平臺 Decentraland，都是透過電腦來體驗區塊鏈上的數位世界。然而，要建立更廣大的使用群眾，還需要開發出跨裝置、跨平台的體驗。

元宇宙和你有什麼關係？

不只空間被人類占滿了，每個人的時間也都被占滿了。我們白天醒著的時候，除了工作，有空的時候就會滑滑社群媒體，看看其他人在做些什麼，有趣的是，人們往往對自己眼前發生的事物視而不見。一個習慣多工的社會，人們也不甘於一次只做一件事，搭捷運的時候看看短影音，吃飯的時候配著 YouTube 的長影片，上健身房運動一邊聽著 Podcast，回家躺在沙發上看 Netflix 或著玩玩手遊，進到數位世界裡，至少，煩惱好像可以暫時不用管。事實上，遊戲的二次元世界早就是個元宇宙了。

為什麼臉書對於元宇宙的概念特別熱中，甚至在公司都改名為 Meta ？因為臉書在整個社群媒體的時間占有率愈來愈低，縱然擁有 28 億的使用者，但是因為隱私、廣告，以及充滿負面言論的問題，加上使用者的平均年齡提高，因此使用者花在臉書的時間愈來愈少。在「流量就是錢」的商業模式底下，勢必要用新的 VR 體驗來搶回你的時間。

我們未來的元宇宙生活可能是這樣的：早上起床，戴上延展實境（XR）[2] 的隱形眼鏡，顯示再 5 分鐘車子要來接你出門了。車上沒有司機，因為人類在路上開車是違法的。到了公司之後，國外的客戶已經用全息影像跟你和同事一起開

2　XR：包含擴增實境（AR）、虛擬實境（VR）與混合實境（MR）。

會，會後同事們跟你恭喜「結婚紀念日快樂！」你心裡一驚！忘了給老婆準備禮物了。於是眼睛很快的眨兩下，透過XR眼鏡進到LV的元宇宙商店，向店員選購了一個最新的包包。下班回家之後你抬頭一看，無人機正好把禮物送到你家的陽台。XR眼鏡也顯示請你簽收，眨眨眼，你簽署了這筆交易，在扣款的同時，包包的NFT也進到你的加密貨幣錢包裡。

真實好，還是虛擬的好？

當然，這是個虛構的場景，每個人心目中的元宇宙也不盡相同。甚至有人說，我才不喜歡虛擬世界，人跟人之間的關係才是真實的。不過，就像是2006年的臉書一樣，也有很多人說我絕不用臉書，那是大學生在玩的東西。後來的故事我們都知道了，只要能上網的成年人，幾乎沒有人不用臉書，因為你的朋友都在臉書上，你也會想進去交流、體驗不一樣的社交，全球的注意力也推升了臉書成為網路巨獸。至於Web3的時代會不會是由少數的企業建立起單一標準的元宇宙呢？希望不會。

如同前面提到的，有太多的介面和選擇可以構成元宇宙的空間，但我們的時間有限，應該盡可能用不同的方式體驗多元宇宙（multiverse），包含實體的和虛擬的。善加運用各

自的優勢來建構一個更加永續的生活方式。例如在疫情之前，視訊系統其實已經相當成熟，但是人們往往礙於見面三分情的觀念，仍然傾向於在實體世界旅行、碰面洽談商業活動。但時至今日，當跨國旅行已經不可行的時候，視訊會議就成為日常，然後我們會發現，其實視訊也很方便，節省了大家的交通時間和成本。在家工作也讓企業省下辦公空間，給了員工更好的工作和生活平衡。

NFT在元宇宙中扮演的角色

NFT是用來識別數位資產所有權的工具，在元宇宙裡，資料（Data）很珍貴，因為我們花了時間在這些虛擬空間裡，玩遊戲、上傳文章、照片、影片，都是我們創造的資料。而網路公司利用我們創造的資料來獲利，賣給我們廣告、推銷我們產品、收取我們存放資料所需要的費用。因此我們必須明白我們所花的時間，所創造的資料是有價的，不是免費的。這可能跟你在實體世界的生活一樣重要。想像一下你沒有網路要如何推展你的業務，沒有網路要如何拓展你的社交生活？而NFT就是彰顯你在元宇宙世界資產價值的工具。

你可以和以前一樣花時間玩遊戲，但是現在你不只是消費者了，你花時間不只是得到娛樂，同時也可以賺取金錢。我說的不是玩遊戲可以讓你致富，而是你花的時間，創造的

數據，應該是有價的。同樣的，如果你是一位攝影師，你上傳的照片不只是為了社交平台吸引免費的流量，其他人可以收藏你的作品，而讓你賺到錢。

有些反對 NFT 的人會認為必須購買 NFT 才能獲得使用權，會限制了使用者的參與。事實上，NFT 可以鼓勵創作者產出更優質的內容，同時，這些內容可以透過 NFT 跨越元宇宙的邊界。例如，在 The Sandbox 的世界中，提供了免費的設計工具 VoxEdit。對 3D 體積像素設計有興趣的設計師，可以運用他的設計能力，創造適用於 The Sandbox 的 NFT，並且在市場上銷售獲利。不想花錢的人也可以自行設計，或者用官方預設的角色和道具。雖然 The Sandbox 的土地是需要購買的，但你不想花錢買土地建設，也可以免費到開放的 The Sandbox 世界中體驗。

此外，你也可以選擇其他的元宇宙，就像是出國旅行，到不同的世界去體驗一樣。例如韓國的 ZEPETO 就提供了手機上非常流暢，時尚的元宇宙空間，可以免費遊玩。即使它並不是一個區塊鏈遊戲，仍然有著自己的數位貨幣，可以在遊戲中購買其他玩家、品牌設計的數位服飾。

而 ZEPETO 和 The Sandbox 也簽署了合作協議，在未來可以讓雙方的數位商品互相流通。這說明了，**NFT 不只是單一元宇宙的商品，更是多元宇宙溝通和流通的重要媒介。**

第 6 章

屬於你的
現在和未來

6.1
NFT 讓每個人都有機會成為藝術家

每個人的生命裡面都有一段時間，會突然發現你想做的事情，好像離你很遠很遠了。我想這是很普遍的現象，在你 25 歲、35 歲、40 歲的時候，會問自己：「這是我想要做的事嗎？」「這就是我要的生活嗎？」「我要這樣過一輩子嗎？」過去一、二十年，你可能已經在頭腦裡問過自己很多次這樣的問題。

當你遇到這個時刻，會開始感到憂鬱說：「啊，這不是我想要的生活。」還是，你會用你現在所有的機會、資源，不斷的學習和挑戰，去寫下人生下一章的故事？你怎麼選擇，將基於你的觀點、受什麼樣的內容啟發、看什麼內容、聽誰說話，和誰交朋友。這是人生中最重要的時刻之一，「觀點」對你來說很重要，這關係到你是否誠實的面對自己，以及你如何看待外面的環境。

這本書最重要的目的，就是鼓勵你用現在擁有的資源，用你所有的機會，做最好的自己，改變你的故事。如同 Instagram 讓每個人都有機會成為網紅，NFT 讓每個人都有機會成為藝術家，無論你現在做什麼工作，都應該好好把握這個十年難得的機會。對我來說，把自己喜歡的事做到卓越，就是藝術。

開始經營你的個人品牌

LV 在 2021 年 8 月推出了 NFT 手遊《Louis The Game》，慶祝創辦人路易威登 200 週年誕辰，讓使用者藉由遊戲的體驗，認識 LV 久遠的品牌歷史與故事。LV 這款遊戲的 NFT 雖然免費贈送，卻比任何一款 NFT 都值錢，這是因為 LV 本身具備很高的品牌價值，讓 LV 不管賣什麼，都受到大家歡迎。因此，當我們在參與 NFT 項目的時候，別只看「價格」，價格是落後指標，更重要的，是圖像和經營者的背後默默耕耘所帶來的「價值」。你想要賣日用品包包？還是像 LV 一樣成為收藏品，提供顧客美好生活的體驗？這就是銷售和品牌的差別。

你可以不買 LV，卻不能不經營你的個人品牌。銷售很容易，經營品牌很困難。人們很容易著迷於數字和「價格」，但對看不見卻真實存在的「價值」感到迷惘。如果你很相信

數字，可以去調查一下眾多曾經在 OpenSea 獲得單日交易量第一名的項目，現在還有多少維持榮景。而那些持續創新、帶給持有者價值的項目，則從來都不用花錢買新聞，只管堅持做對的事。創造符合品牌價值的體驗，建立觀眾對你的產品或服務的正面感受，這就是同時經營品牌與銷售的法則。

你就是品牌

無論你是學生、藝術家、工程師還是創業者，都需要經營你的個人品牌，不是為了銷售，而是建立你的聲譽——「你值得信任及選擇」。而你建立品牌的方式，就是透過說故事，說真實的故事，而不是虛構的人設，這是個人品牌最有價值的地方。NFT 的項目經營者也一樣，當你在發行的時候畫大餅，承諾未來的元宇宙、GameFi、DAO⋯⋯樣樣都來，別只顧著人前的光鮮，忘了在人後努力的揉麵團。當持有者發現從外面看和從裡面看不一樣的時候，會發生什麼事？人們會把看到的真實情況傳出去。能夠成功建立長期品牌的項目，都致力於維繫社群的價值觀與項目發展方向一致，能夠打動社群成員心底的感受和故事，比起廣告和推銷，更真實且更容易得到信任。

去中心化的社群經營

「我們的 NFT 項目很棒，要如何經營社群？」這是我最常被問到的問題之一。無論是藝術家、創業或是 NFT 都一樣，唯一的解答是每天採取行動。不要期待別人對你的品牌狂熱，你必須和人們一起瘋、一起追夢，你的品牌才能成為那個狂熱的一部分。你不需要複製 BAYC 的路線圖，試圖去說服別人你們未來是藍籌 NFT 項目。因為最有說服力的，是你做了什麼，而不是你說了什麼。

我在 2021 年 12 月 1 日發行〈KOL NFT〉的時候，因為知道大部分的粉絲都是第一次購買 NFT，所以一夜沒睡，陪著所有人，從安裝錢包、買幣、鑄造，用私訊一個一個解決他們遇到的問題，等到每個人都安心的睡著，我才睡覺。沒錯，Web3 的世界並不完美，所以你應該很清楚那種刷卡買幣 2 小時後還沒收到虛擬貨幣的擔憂；知道在鑄造時看著螢幕上不停轉圈圈，不知道交易是否完成，又不敢關掉視窗的不確定性；會懷疑自己是不是哪裡弄錯了，操作有問題又沒人可問。沒錯，優秀的社群經營者應該要消除 FUD（Fear, Uncertainty, Doubt，指對項目的恐懼、不確定和懷疑），而不是拿 FUD 作為行銷手段。

「開放」讓你擺脫競爭焦慮

進入 NFT 的領域時，請先放下舊的中心化思惟，享受新的價值觀共識。在舊的中心化思惟裡，經營的中心（包含公司和個人）必須建立護城河，也就是競爭者進入的障礙，才能確保自己的競爭優勢。所以你會聽到有一群人的觀點是：藝術家死後才會成名，因為收藏家要確保同一位創作者不會有更優秀的作品出現。但在去中心化的世界裡，事實正好相反，我們希望創始人和藝術家活得好好的，持續為 NFT 注入價值，因為生命才是獨一無二的，只要好好的生活著，就可以一直創作下去。

也有人因為 NFT 的暴富現象而焦慮，最近剛上映的 Netflix 紀錄片《別相信任何人：虛擬貨幣懸案》（Trust No One: The Hunt for the Crypto King）中，有些受害者就是因為看見身邊的朋友暴富而感到 FOMO（錯失恐懼症），因此貸款投資，最後慘賠收場。暴富讓一些人自我膨脹，覺得自己有了錢什麼都行，說什麼都是對的，卻沒想到自己很可能把運氣當成實力，畢竟在一場全面上漲的牛市中，要賺錢並不難，如果沒有培養正確的觀念，一旦轉為熊市，賠錢的速度也很快。

對我來說，NFT 應該是帶給你快樂的，去中心化、去中間人，讓創作者可以自己掌握市場和收入，讓消費者獲得深度的社群樂趣，創業家找到創新的商業機會。希望你可以

享受這個新時代的特別之處，擁抱開放。多一點你需要的社群力量，少一點你不需要的競爭焦慮。

　　用開放的心態為他人創造價值，用經營品牌的信譽經營 NFT，每個人都可以是贏家。

NFT 術語小教室

- 智能合約（Smart Contract）：是儲存在區塊鏈上的程式，在滿足預定條件時會自動運行，讓 NFT 交易的買家、賣家、金流、NFT 的轉移可以按預先談定的合約內容執行並確認結果，無須其他中間人的操作或等待。
- 冷錢包（Cold Wallet）：用來保證加密貨幣錢包私鑰的裝置，因為本身不連網以避免私鑰遭到盜取，因此稱之為冷錢包。常見的有 USB 裝置和 APP 搭配驗證的授權交易。
- 熱錢包（Hot Wallet）：在電腦、手機等能夠連上網路的設備運行的錢包，在電腦上通常是使用瀏覽器插件來存取，或是裝載在手機 APP 上作為授權交易的程式。
- 盲盒（Mystery Box）：指隨機裝入特定 NFT 的包裝方式，在購買時買方並不確定內容物為何，直到開盲盒的條件達成才解開，帶有抽獎和稀有度的差異，以創造驚喜。
- 鑄造（Minting）：在區塊鏈上產生 NFT 的程序稱之為鑄造。

- 空投（Airdrop）：接收者免費獲得加密貨幣或 NFT 的活動，通常見於抽獎或是 NFT 的附加價值之用。

- 鑽石手（Diamond hand）：用以形容不會在價格波動時感到恐慌並拋售資產的投資者，這類投資人的風險承受能力較高，暗示承受住壓力較有機會獲得高報酬。

- 紙手（Paper hand）：用來描述在遇到價格波動時就輕易賣出的投資者。

- GameFi：遊戲（Game）和金融（Finance）這兩個詞的結合，特別指在區塊鏈遊戲中，結合了加密貨幣、區塊鏈、NFT 和遊戲機制，創造了一個由玩家參與並在過程中賺錢的遊戲環境。

- 路線圖（Roadmap）：用以向潛在購買者描述 NFT 的未來目標，期望的結果和里程碑。並非所有成功的 NFT 項目都需要路線圖，但它有時候幫助購買者更了解這個項目想要做什麼。

- DYOR：Do Your Own Research 的縮寫，即做好你該做的研究，用於各種內容中充當免責聲明，表示讀者和觀眾應該要為自己購買和投資的行為負責。

- FUD：Fear, Uncertainty and Doubt 的縮寫，恐懼、不確定和懷疑是對特定資產或市場持悲觀的態度，通常來自於市場中無根據的負面情緒。

- 質押（Stake）：將 NFT 或加密貨幣鎖在智能合約中以獲得其他獎勵。

- 氣費（Gas Fee）：也稱作「礦工費」，指在區塊鏈上成功進行交易或執行智能合約所需的費用。費用的高低取

決於區塊鏈上的活動，愈多人在同時間交易，會使氣費上升。

- 氣費戰爭（Gas war）：通常發生在受歡迎的 NFT 項目的初次鑄造，由於買家希望可以更快的完成交易，以確保能夠購買到 NFT，因此會設置更高的氣費出價來獲得以太坊區塊鏈的優先處理。這會在眾多買家之間造成緊張，並引發惡性的競標，使得交易成本節節升高。

- 元數據（Metadata）：定義一件 NFT 藝術品或收藏品的外觀，並賦予它不同的屬性，包含了 NFT 必要且獨特的數據，因此有時你必須更新元數據才能看到盲盒開啟後的樣子。

- 地板價（Floor Price）：指一系列 NFT 收藏品中最低的可買進價格。

- 掃地板（Floor Sweep）：常用術語，意味著在二級市場上購買同一系列大量最便宜的 NFT。項目團隊有時會這樣做以提高地板價，有時是社群會要求他們保護自己的項目，當然也有可能由一些看好該項目的大戶一次性買入以擴大在該項目的影響力。

- 鯨魚大戶（Whale）：擁有大量資金的人，可用於投資或已經投資於高價值 NFT 項目。鯨魚的影響力很重要，因為他們有能力推動市場，有些投機客也會追蹤鯨魚大戶的錢包地址，以跟著特定資金投資。

- 白名單（White List）：NFT 的白名單是在特定日期和時間可獲得保證鑄造資格的列表。有時會帶有早鳥價格優惠，並且可以達到分批鑄造的作用，以避免氣費戰爭。

- **PFP 頭像**（Profile Picture）：指社群網路上的頭像，當換上 NFT 項目的 PFP 頭像時，通常是為了顯示自己的社交地位，或是和其他持有同項目的對象產生連結和共同語言。
- **流動性**（Liquidity）：是指資產在不影響其市場價格的情況下，轉換為現金或其他資產的難易程度。例如你想要買一部價值 8 萬元新臺幣的電腦，如果你手上有 8 萬現金，那可以隨時想要買就買，所以說現金的流動性最高。但如果你沒有足夠的現金，但有一張價值 8 萬臺幣的 NFT，你不太可能直接用 NFT 換到電腦，所以你得要賣出你的 NFT 以獲取現金才能買電腦。不過，因為 NFT 可能無法立即以 8 萬元賣出，在急用錢的情況下，你可能需要降價出售你的 NFT，以儘快取得現金。
- **效用**（Utility）：NFT 的效用，是發行的項目方賦予 NFT 持有者的功能和實用性，例如與創作者面對面的體驗、可以商業使用的版權、可分享項目利潤或兌換成實體商品的權利。
- **DAO**：去中心化自治組織的縮寫（Decentralized Autonomous Organization, DAO），DAO 建立在使用智能合約的區塊鏈上，你可以將它視為由其成員集體擁有和管理的網路組織。像是一個不需要老闆的公司，也可說是一個人人都是老闆的公司。DAO 通常有組織的內部金庫，需要經過提案和投票管理，組織決策批准後才能動用。

地球觀　73

NFT 實戰勝經

劉呈顯教你用NFT
創造財富的10種方法

作　者　　Ethan 劉呈顯

野人文化股份有限公司

社長　　　　　　張瑩瑩
總編輯　　　　　蔡麗真
責任編輯　　　　陳瑾璇
校對　　　　　　林昌榮
行銷企劃經理　　林麗紅
行銷企劃　　　　蔡逸萱、李映柔
封面設計　　　　周家瑤
內頁排版　　　　洪素貞

讀書共和國出版集團

社長　　　　　　　郭重興
發行人兼出版總監　曾大福
業務平臺總經理　　李雪麗
業務平臺副總經理　李復民
實體通路組　　　　林詩富、陳志峰、郭文弘、王文賓、賴佩瑜
網路暨海外通路組　張鑫峰、林裴瑤、范光杰
特販通路組　　　　陳綺瑩、郭文龍
電子商務組　　　　黃詩芸、李冠穎、林雅卿、高崇哲、吳眉姍
專案企劃組　　　　蔡孟庭、盤惟心
閱讀社群組　　　　黃志堅、羅文浩、盧煒婷
版權部　　　　　　黃知涵
印務部　　　　　　江域平、黃禮賢、林文義、李孟儒

出　版　野人文化股份有限公司
發　行　遠足文化事業股份有限公司
　　　　地址：231 新北市新店區民權路 108-2 號 9 樓
　　　　電話：（02）2218-1417　傳真：（02）8667-1065
　　　　電子信箱：service@bookrep.com.tw
　　　　網址：www.bookrep.com.tw
　　　　郵撥帳號：19504465 遠足文化事業股份有限公司
　　　　客服專線：0800-221-029
法律顧問　華洋法律事務所　蘇文生律師
印　製　凱林彩印股份有限公司
初版 1 刷　2022 年 5 月
初版 2 刷　2022 年 5 月
初版 3 刷　2022 年 5 月

8667106513715（作者簽名版）
978-986-384-719-9（紙本書）
978-986-384-725-0（PDF）
978-986-384-726-7（EPUB）

國家圖書館出版品預行編目（CIP）資料

NFT 實戰勝經：劉呈顯教你用 NFT 創造財
富的 10 種方法 / 劉呈顯作 . -- 初版 . -- 新
北市：野人文化股份有限公司出版：遠足文
化事業股份有限公司發行，2022.05
　面；　公分 . --（地球觀；73）
ISBN 978-986-384-719-9(平裝)

1.CST: 電子貨幣 2.CST: 電子商務 3.CST:
投資

563.146　　　　　　　　　　111006342

NFT 實戰勝經

線上讀者回函專用
QR CODE，你的寶
貴意見，將是我們
進步的最大動力。

野人文化
官方網頁

野人文化
讀者回函